秒懂
社群
口才

球球 颜敏｜编著

人 民 邮 电 出 版 社

北 京

图书在版编目（CIP）数据

秒懂社群口才 / 球球，颜敏编著. -- 北京：人民
邮电出版社，2024.6
ISBN 978-7-115-63146-6

Ⅰ. ①秒… Ⅱ. ①球… ②颜… Ⅲ. ①网络营销－口
才学 Ⅳ. ①F713.365.2②H019

中国国家版本馆CIP数据核字(2023)第219148号

内 容 提 要

随着社交媒体的兴起，社群已成为维护用户关系的重要渠道。精湛的沟通技巧，已成为每位社群运营人员应该具备的技能。

本书是一本涵盖多种社群运营场景的沟通技巧指南。全书共分为6章，分别从社群规划、社群启动、社群运营、社群公关、社群增长、社群成交等方面介绍了社群营销与运营中涉及的沟通技巧。本书通过对比"普通说法"和"进阶说法"，直观呈现了更有说服力的沟通技巧，旨在帮助运营人员快速提升技能，玩转社群运营。

本书适合社群运营人员阅读学习。

◆ 编　　著　球球　颜敏
责任编辑　马雪伶
责任印制　胡　南

◆ 人民邮电出版社出版发行　　北京市丰台区成寿寺路 11 号
邮编 100164　电子邮件 315@ptpress.com.cn
网址　https://www.ptpress.com.cn
三河市中晟雅豪印务有限公司印刷

◆ 开本：880×1230　1/32
印张：5　　　　　　　　　　2024 年 6 月第 1 版
字数：111 千字　　　　　　　2024 年 6 月河北第 1 次印刷

定价：49.80 元

读者服务热线：(010)81055410　印装质量热线：(010)81055316
反盗版热线：(010)81055315
广告经营许可证：京东市监广登字 20170147 号

目录

第4章

社群公关：

让社群保持良好氛围

第 1 章

社群规划：

全面打造吸睛社群

*01*_ 抓住 3 个关键，轻松搭建优质社群

关键 1 社群定位

明确社群的定位，是搭建社群的第一步。

（1）不同生命周期的社群。

长期群：长期为社群用户提供福利、信息或资源。社群长期存在，运营也长期进行。

时效群：为社群用户提供具有时效性的信息、活动和服务。存在时间较短，完成活动和转化后就可以解散。

引流群：主要用于吸引更多目标用户关注、订阅或者购买社群提供的产品与服务。社群用户成为产品的消费者或被引流到其他平台。

（2）不同主题的社群。

福利类社群：为社群用户提供"薅羊毛"、低价好物、红包等福利，增加用户黏性，方便将其转化为产品消费者。包括红包型社群、外卖券社群等。

内容类社群：为社群用户提供实物或者虚拟产品，如有价值的信息等，是引导用户进行消费的主要阵地。包括产品型社群、学习型社群等。

服务交流类社群：为志趣或目标相同的社群用户提供问题解答、信息交流、售后等服务。做好用户维护，也方便用户转化。包括售后群、粉丝群、人脉型社群等。

关键 2　建立组织架构

为社群设置群主、管理员、其他角色等，才能搭建起一个社群的组织架构。同时，我们可以为不同的角色设计不同的话术与风格。一个标准社群的架构一般包含如下元素。

（1）群主。

主要负责群内运营，维系用户关系，促成转化。

群主常用的话术风格如下。

风趣幽默型：使用笑话、网络"热梗"等与用户趣味互动，讨用户喜欢。

亲切邻家型：使用亲切、温柔、友善的语言风格，拉近与用户的距离。

权威可靠型：使用果决、自信、建设性的语言，让用户信服。

（2）管理员。

负责接待用户，解答疑问，维护群秩序。

管理员一般使用亲切的语言风格，处理违规行为时严肃、认真。

（3）其他角色。

除了直接管理社群的群主、管理员，社群还需要安排一些小助理，用来活跃社群氛围，解答用户问题。

常见话术：关于这些产品之前群主推荐过……/ 这个活动我之前也参与了，真的很有收获，这些是上次活动的照片……

社群定位不同，社群架构可以有所变化，如长期群、时效群、引流群分别可以采用以下架构。

长期群：群主 + 管理员 + 其他角色（助理、意见领袖等）

长期群，如知识付费群、社交电商群、品牌群等，需要完整的社群架构，才能长久地运营下去。

时效群：群主 + 管理员（少量或没有）

时效群，如临时通知群、临时团购群、福利返现群等，只需要群主快速完成通知或活动。也可配置几位管理员，协助群主完成工作。

引流群：群主 + 其他角色

引流群，比如实体店的线上宣传社群、品牌粉丝群、个人品牌粉丝群等，可配置一个具有号召力的群主和若干个社群运营人员，以便烘托气氛，吸引更多用户。

关键3 规划日常运营内容

搭建社群，需要在前期准备大量素材与资源，以备后续的运营。

（1）数据收集。

通过对社群用户画像、平台数据、产品信息等各方面数据的收集，确定社群的运营目标与计划。

同时，也要做好后期的数据收集。

举例： 英语学习社群。

社群用户画像： 在校大学生，活跃在哔哩哔哩、小红书、抖音等平台。

产品信息： 四六级英语学习资料、考研资料……

（2）积累素材。

根据社群定位，收集整理相关的文章、图片、视频……

转发：将收集的资料转发至社群中，活跃社群氛围，增加社群内的信息量。

原创：原创的内容不仅可以凸显社群的独特性，还能加强用户对社群的信任。

举例：宝妈群。

转发：育儿公众号文章、胎教小视频……

原创：原创育儿小知识、宝妈带娃心得分享……

（3）筹划活动。

社群的活跃需要有趣的活动来支撑。

举例：福利群的"红包雨"活动、拼手气活动……

02_ 过目不忘的群名怎么取

方法1 尊贵地位取名法

√ 银卡会员福利群

√ 超级 VIP 专属福利群

√ ××（品牌名）top10 会员私董会

√ ××（品牌名）代理专属群

公式	消费能力 / 服务项目 + 群功能

技巧点拨

此方法适用于有实物产品或服务产品的社群。为社群取一个

"尊贵"的、区别于其他社群的名称，能让社群用户感到自己备受重视，产生一定优越感。

方法2　区域定位取名法

　√ 肯德基钢都花园店 |3号福利群

　√ 鱼酷光谷天地 |4号福利群

公式	品牌名 + 地理位置 + 编号 + 群功能

技巧点拨

此方法适用于有线下店铺、自有产品的社群。以区域命名，用户一看就懂，同时会对门店地址产生印象。当群名过长时，可以用符号分隔成几小段。

方法3　活动引导取名法

　√ ××（品牌名）| 早10点女装上新

　√ 春节7天乐 | 吃喝玩乐活动群

公式	活动时间 + 活动内容 + 群功能

技巧点拨

此方法适用于组织特殊活动的社群。将吸引人的活动内容放在群名中，用户一眼就能看到，进而产生兴趣。

方法 4 **社群功能取名法**

√ 秋叶小红书营 30 期

√ 橙为社群运营官特训营 24 期

√ 爱宠小家养宠互助群

√ 盲盒玩家收藏分享群

√ 茶艺文化分享交流群

公式	品牌名 + 群功能

技巧点拨

此方法适用于具备特定功能的社群。这样的群名能体现社群的功能和目的，具有相应需求、兴趣的用户更乐于加群。

方法 5 **人群标签取名法**

√ 初级会计交流群

√ "95 后"程序员互动群

√ 大学生日常交流群

公式	人群标签 + 群功能

技巧点拨

此方法适用于目标人群非常明确的社群。以服务的目标人群命名，有助于吸引目标人群"对号入座"，使他们愿意加群。

方法6 个人品牌取名法

✓ ×× 读书交流学习群

✓ 秋叶个人品牌 IP 营 2023

✓ ×× 的创业笔记学习群

✓ ×× | 粉丝交流群

公式	个人品牌名称 + 群功能

技巧点拨

此方法适用于自媒体人，适合他们用来为粉丝建立专属社群。知名的人本身就是一个自带流量的吸睛点，能够吸引相应的粉丝。

方法7 凸显品牌取名法

✓ ×× 牌箱包折扣信息群

✓ 我们都爱 ×××

✓ ×× 产品体验群

✓ ×× 乳业新品分享

公式	品牌名 + 产品内容 / 群功能

技巧点拨

此方法适用于某个品牌的粉丝社群。与"个人品牌取名法"类似，这种方法同样是用品牌的知名度来吸引人们入群的。

方法8　平台引流取名法

　　√ 美团优选团购群

　　√ 拼多多"薅羊毛"群

　　√ 抖音短视频看不停

公式	平台名称 + 群功能 / 目的

技巧点拨

　　此方法适用于团购群及平台引流群。将大流量平台的名称前置，能够有效吸引这些平台的用户。

方法9　系列主题取名法

　　√ ×× 会员交流群之个人品牌

　　√ ×× 会员交流群之新消费

　　√ 和芬芬一起学 | 销售

　　√ 和芬芬一起学 | 直播

公式	品牌名 + 群功能 + 群主题

技巧点拨

　　此方法适用于某个组织结构较大的社群进行不同主题的分享或设置不同的分群。在群名中可以使用"之""|""（）"等文字和符号。

其他群名小知识

- 群名过长会显示不全，注意控制长度。

- 适当使用表情符号，群名更生动。

- 适当使用分隔符号，群名更清楚。

- 社群举办重大活动时，群名是可以调整和更改的，这样能给社群用户带来"升级变化"的感觉。

03_ 一目了然的群介绍怎么写

场景1 **用户进群前**

<u>普通说法</u>　本群是××产品专卖群，会定期分享好货，欢迎大家多多关注哦！

<u>进阶说法</u>　↓与千万学员一起学软件↓

~1000万青年学员~

~上千位职场精英~

~近百套超强软件学习资源~

~价值数万元的实操课程~

更有一对一辅导、专家讲堂、免费干货分享！

→点击链接立即加群←

话术公式	卖点前置＋加群福利＋加群链接（或二维码、群号）

技巧点拨

群介绍就是一次广告宣传，重点是将社群的特点直截了当地展现出来，同时要用鲜明的标识突出加群的好处。

场景2 用户进群后

普通说法 欢迎来到好物分享群，我们会定期分享好货，欢迎大家多多关注！

进阶说法 →→没有最便宜，只有更便宜←←

欢迎来到靓仔靓女好物分享群~我们会定期在群里分享【新款新品】【低价好物】【大牌捡漏】等好物信息！

我们与多个厂家、产地、店家都有合作，不愁找不到好东西！

群主芳芳姐，是你们的好物分享官！有不懂的地方，可以随时 @ 芳芳姐或者其他管理员哦！

除了好物分享，群里还会定期开展"红包雨"、小游戏等活动，记得开启消息提示！

话术公式	社群口号 + 社群功能介绍 + 群主介绍 + 活动介绍 + 提醒开启消息提示

技巧点拨

一个好的群介绍，在形式上可以使用表情、强调符号等使信息的条理更清晰；在内容上，应当包括社群功能（定位）、群主介绍、活动介绍等内容。将一句醒目的社群口号放在开头，可以起到吸睛效果。

04_ 群规如何设计，才能让更多用户愿意遵守

1. 福利类社群

普通说法　欢迎来到××福利群！群里不可以发无关链接，不可以讨论无关话题。群里福利多，大家积极参与哦！

进阶说法　欢迎幸运的你加入××福利群！

↓入群须知↓

- 私聊群主，可获得价值99元的见面礼——××（具体福利）

- "戳"链接，还有好礼相送（附上更多福利活动，如老带新活动）

↓群内规则↓

- 可发红包、表情包

- 禁发小广告、无关链接、无关话题

- 禁吵架、人身攻击、私下交易

- 违规者，"抱"出群！

话术公式	摆福利＋讲规则

以发放福利为主的社群，需要将福利放在明显的位置，让入群用户意识到社群的价值。再告知具体规则，引导用户遵守。

2. 服务交流类社群

普通说法　禁止发广告！不要产生商业交易，有任何问题自己负责。不要谈论敏感话题，发无关链接的直接"送飞机票"。

进阶说法　↓群内主张↓

√积极交流，主动"链接"

√利他分享，不打硬广

√"空杯"心态，彼此赋能

↓群内禁止↓

× 发布各种广告

× 发布直播链接

× 频繁添加群内用户、私下拉小群

× 私下进行金钱交易、商业合作等行为

注意：以上禁止行为出现三次，首席运营官善意提醒却不改正的，运营官会"抱"你出群哦。

话术公式	提倡行为 + 禁止行为 + 注意事项

技巧点拨

服务交流类社群以相互沟通、信息交流为主，社群承载的信息量较大。

要直截了当地将可以做和不可做的事情写清楚，最后讲明后果，一目了然，这样用户更容易接受。

3. 内容类社群

场景1 **学习型社群**

普通说法 欢迎同学们加入 ×× 课程的学习！本群主要供大家学习使用，需要文明交流，禁止不文明的言论。禁止抄袭和盗版，禁止发广告。请大家严格遵守。

进阶说法 欢迎同学们加入 ×× 课程的学习！

本群主要供大家学习交流使用，我们鼓励大家互帮互助，文明交流。我们鼓励原创作品，尊重他人知识产权。

我们不鼓励发布与学习无关的推广内容，不鼓励不经他人允许借用他人原创内容的行为。

大家齐心协力，共创优质的学习环境，良好的氛围靠大家！

话术公式	提倡行为 + 禁止行为 + 正向鼓励

技巧点拨

学习型社群的群规可以柔性一些。因为大部分用户入群是为了学习、进步，所以社群的学习互助氛围就很重要。群规可鼓励大家多付出，多在学习上下功夫，同时指出原则性的禁止事项。

场景 2　实物产品型社群

<u>普通说法</u>　××全体员工欢迎您的到来，群内和谐环境靠大家一起维护！

为了维护良好的交流环境，避免上当受骗，请勿擅自添加群内其他成员的微信，若有其他成员向你发送好友申请，及时向群主反馈！不配合群主管理，违反群规，第一次警告，第二次"送飞机票"！

<u>进阶说法1</u>　各位"真爱粉"大家好，欢迎加入××官方VIP群！

本群为大家提供：

❤ 定期福利活动、有奖游戏

❤ 线上预约、取号、提前点餐等

❤ 本店客服在线时间为10：00—21：00

❤ 若未及时回复，可以@×××，看到后我们会第一时间回复您！

为了维护良好的交流环境，避免上当受骗，请勿：

✖ 发送带有与××无关的二维码

✖ "刷屏"，影响他人正常交流

✖ 擅自添加群内其他成员的微信，若有其他成员向你发送好友申请，及时向群主反馈

不配合群主管理，违反群规，第一次警告，第二次"送飞机票"！您的理解是对我们工作最大的支持。

话术公式	提供服务＋禁止事项＋注意事项

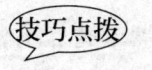
技巧点拨

销售实物产品的社群每天信息量都比较大，因此建议将提供的服务及相应的管理人员写入群规中。这样可以减少短时间内大量用户咨询客服，难以及时回复的情况。

进阶说法2　欢迎来到【××的零食小家】

进群可以先设置【消息免打扰】，避免消息响不停！

（记得将群主设为特别关注 ♥）

【社群提供】

√好物"种草"

√零食分享

√社区团购

【拉勾勾小约定】

❌ 禁止发布广告、链接、二维码

❌ 禁止吵架、擅自私聊拉人

话术公式	特别关注提示＋社群服务＋禁止事项

技巧点拨

实物产品型社群消息杂乱，主动提醒用户设置"消息免打扰"有助于树立群主善解人意的人设。同时引导用户设置"特别关注"，不错过社群重要消息。

更多群规设计技巧

（1）群规内容：社群口号、声明、群昵称、社群服务介绍、原则、提倡事项、禁止事项、友情提醒、违规处理方案、群主心里话……可以根据社群定位，自行选择合适的内容。

（2）文案排版：舒适好看、令人一目了然的群规既能让用户愿意遵守，又能增加他们对社群的好感。可以使用表情、图标、序号、括号等梳理群规，突出重点。

（2）弹性群规：群规不能一成不变，也要随着时间的推移而发展。运营人员可以与群成员讨论，对群规进行修改。有时，让社群用户参与关于群规制定的讨论，更能增强社群凝聚力。

05_ 成本低、效果好的活动有哪些

活动1 邀请有礼

推荐说法　终于等到你，欢迎宝贝们进群！

小群的壮大离不开宝贝们的支持！

邀请 1 位好友进群的宝贝，群主送你大红包一个！

社群人数超过 88、188、288 人，群主发对应金额的红包！

技巧点拨

建群初期需要新用户，也需要能活跃社群的活动。"邀请有礼"的活动就能很好地实现以上两个目的。可以开展社群用户拉新送福利的活动，也可以约定在社群用户达到一定数量后给整个社群发福利。

活动 2　趣味答题

推荐说法　家人们，午觉睡了吗？下午茶喝了吗？趣味答题想玩吗？

群主将发布 3 个趣味小问题，抢答成功者将获得门店优惠券一张！

睁大眼睛，题目来了：

…………

技巧点拨

小型问答或抢答是成本非常低、参与度非常高的社群活动。群主需要准备难度较低、与社群定位相关的问题，并设置一定的答题时间和答题奖励，引导用户积极参与。

活动 3　群接龙

推荐说法　社群游戏天天有！现在开始成语群接龙游戏！

规则：用含"兔"及其谐音字的成语表达祝福。群主将从参与接龙的成员中随机选取 4 位赠送新年福袋 1 份！

1. 前途无量

2. ……

技巧点拨

群接龙可以用在团购、填表、报名等实用性场景，也可用在活跃群氛围上。比如进行成语接龙、绘画接力等小游戏，尽可能让社群用户参与。

活动 4　打卡签到

推荐说法　每天 10 分钟，和我一起学四级词汇！

社群第三期四级词汇 21 天打卡活动即将开始！

每天【21：00】前，将今日学习的单词发在群中，视为打卡成功。

坚持 21 天的成员，可获得我们准备的《牛津词典》一本！

（技巧点拨）

打卡签到活动除了能够活跃社群氛围，还能使用户对社群产生依赖。可开展每日打卡送积分、累计打卡 ×× 天送礼品等多种活动。

活动 5　社群暗号

推荐说法　月黑风高，暗号发放！

这周的【社群神秘暗号】来了！群主将在群内发布一个神秘暗号，群成员在我们的实体店使用此暗号，将获得额外惊喜哦！

暗号宝贵，切勿外传！

（技巧点拨）

使用社群暗号是社群用户的一种专属福利，可以将用户引流到实体店消费，也能增加惊喜刺激的感觉，活跃社群的氛围。

活动 6　手气最佳红包

推荐说法　每日 18：00，开抢【手气红包】！

手气最佳的用户可凭红包页面领取免费奶茶一杯。

红包即将发放，准备好、拼手速↓

（技巧点拨）

抢手气最佳红包是一种常见的社群小游戏，可以每天都开展，使用户活跃起来。红包金额不用很高，红包数量一般在 10 个左右。

活动 7　朋友圈集赞

推荐说法　你还在担心集赞不好玩，你还在嫌弃得到的奖励没意义？

让店主破产的集赞活动强势来袭！

方式：将社群海报发到朋友圈

集赞满 10 个，打 9 折！

集赞满 20 个，打 8 折！

以此类推，集赞满 100 个，直接免费！

集得多，优惠多，快快参与吧！

（技巧点拨）

设置阶梯性的集赞活动奖励，更容易让用户踊跃参与。

活动 8　周主题日

推荐说法 1　一周一次，只宠你们 🖤

本周会员福利日，来小店消费，向店员出示社群界面，就能直接享受 9 折优惠～所有群友都能参与哦！

推荐说法2　【每周圆桌派】开始了！快来积极参与主题讨论吧，群主会挑选活跃群友赠送福利奖品！这周的主题："大数据时代，人们是越来越自由，还是越来越不自由？"

（技巧点拨）

在一周中选择一天作为社群主题日，这一天可以送会员福利，也可以开展主题讨论。总之，让每周中的一天变得"特别"，能有效提升用户积极性。

活动 9　"晒单"有礼

推荐说法　新款麦片味道如何？我们期待你的反馈！将麦片照片和品尝体验发布在朋友圈、微博、小红书、抖音等地方，我们将选取其中的优秀作品送上【三人份早餐麦片】！

（技巧点拨）

"晒单"属于社群成交后的环节，是促进消费活动良性循环的重要活动。可以"晒"的内容包括产品使用体验、活动感想、心得体会等，主要目的是鼓励用户深度参与社群活动，扩大社群影响力。

第 2 章

社群启动：

加群邀请诀窍，
不愁没人进群

01_ 邀请哪些人进群，更有助于营造活跃的氛围

值得邀请进群的用户主要扮演以下几种角色。

（1）负责处理日常事务的社群小助理。

可以邀请活跃用户成为小助理、运营官，他们有充足的时间、有热情帮助社群管理员处理一些琐碎的事务，比如信息发布、发送早 / 晚安问候语、日常答疑等。

（2）为社群贡献内容的关键意见领袖。

关键意见领袖（Key Opinion Leader，KOL）要有丰富的知识储备和独立思考能力，能引导社群用户展开深度思考，还要具备独特的人格魅力。这样的 KOL 会让社群更具吸引力。

（3）活跃社群气氛的社群活跃分子。

社群活跃分子能带动社群人气，每天主动发布各种话题，主动与社群用户进行交流，让社群在没有官方活动时也保持热闹。

（4）负责社群内外宣传的社群传播者。

他们喜欢分享各种好玩、有趣、有料、优惠的信息到群里，也乐意将社群消息传播到群外。

举例 1　服务交流类社群（如宝妈交流群）

- 为社群贡献内容的社群 KOL：

儿科医生、老师、营养师、健身教练、穿搭博主、整理师、绘本阅读师……

- 活跃社群气氛的社群活跃分子：

有兴趣爱好（纺织、跑步、手绘、读书）的人，喜欢聊八卦

（身边发生的事、各种平台上的爆料）的人，喜欢讲笑话的人……

- 负责社群内外宣传的社群传播者：

大型批发市场的工作人员、其他有分享欲的人……

举例2　内容类社群（如写作训练营）

- 为社群贡献内容的社群KOL：

训练营讲师，"飞行"嘉宾（图书作者、公众号主理人）……

- 活跃社群气氛的社群活跃分子：

喜欢用各种形式（PPT、手绘、知识卡片、思维导图等）做总结的学员，喜欢做作业，"晒"作业的人，喜欢看别人作业并互动的人……

- 负责社群内外宣传的社群传播者：

喜欢分享各种好玩的技巧、分享写作变现资讯的人……

02_ 让用户爽快进群的邀约话术

方法1　在朋友圈分享福利信息

推荐说法　"超级宠粉季"来啦！

亲爱的会员们，我们将在××月××日晚上××，组建"宠粉"福利群。超多福利等着你！

福利①：×××元的"红包雨"，想抢就抢！

福利②：当季新品，9.9元秒杀！

福利③：各大品牌服装，抽奖就送！

还有更多惊喜活动哦！想进群的宝贝留下你的"赞"，我邀你进群~

（评论区补充）

注意，这次仅限 200 个名额哦，还剩 50 个进群名额！

（过一段时间后可以提醒）

还剩 30 个名额

（过一段时间后可以提醒）

还剩 10 个名额

话术公式	展示好物与福利 + 倒计时催促

（技巧点拨）

微信朋友圈等私域社交平台有着很大的流量，在这些平台上发布福利消息，用不容忽视的好处来吸引用户进群，是一种基础但很管用的邀约技巧。同时在评论区公布剩余名额更能有效吸引新用户。

方法 2　在朋友圈"晒"成果

<u>推荐说法 1</u>

（正文）盘点这个季度的目标，我们又提前一个月完成了。团队士气越来越旺，大家干劲十足，我反而成了被团队"卷"的人。

（评论区）谢谢朋友们的夸奖~最近我在干货群里总结了 30 个促进成交的好用技巧，群友使用后都感觉效果不错。如果需要，给我点赞，我拉你进群。

推荐说法 2

（正文）×××培训/分享终于结束了，感谢××（主办方）在我分享结束后特意告诉我大家的反馈特别好，还邀请我再去分享。一次有意义的活动，能让我和学员都收获满满！

（评论区）这次收集了不少学员的笔记精华，想要的朋友太多，发不过来了。和我联系，我拉你进群！

推荐说法 3

（正文）明天 12 点我要上一堂关于"成交力"的公开课，分享身边销冠同事都在用的成交方法，现在还有点小紧张～给我点鼓励吧！

（评论区）谢谢大家的鼓励！好多朋友联系我说他们也想听。私信我，我邀请你进群免费听！群里还送更详细的课程资料！

话术公式	朋友圈正文"晒"经历/成果/感悟+评论区"晒"干货，进群邀请

（技巧点拨）

首先，在朋友圈模仿普通人分享日常的语气，引出自己在某些方面的经历、取得的成果、感悟等，这会让普通用户更乐意阅读。注意，需要点明自己在某个方面很厉害、有特长，让人敬佩。

接着，可在评论区展现自己的真实意图。用"很多人也想学习"引出社群信息，展示干货与福利，吸引朋友圈用户进群。

方法3 私聊拉人进群

推荐说法1（特别服务型）

● ×××，您好！我是××，还记得我吗？谢谢您一直以来对我的支持，我邀请您进入 VIP 用户专属群，有任何问题都可以在群里咨询哦！群里还有更多新品预告和惊喜福利！

● 亲爱的，我是您的护肤顾问××，加入我的小群后，我会持续为您提供一对一的售后服务。产品使用、护肤等相关问题都可以咨询我哦！

技巧点拨

社群是一个特殊的小天地，方便社群运营者与用户沟通，也方便提供特别的服务。利用社群的这一特性，可以吸引那些有问题需要解决的用户入群。

推荐说法2（福利型）

××，你好，产品用得怎么样了？如果还满意，可以加入我们准备的好物福利群，更多好用产品，免费就能领！当然，福利产品的数量是有限的，只给老客户，先到先得哦！

技巧点拨

此话术适用于做实物产品的团队，直接展示福利，就能让用户清楚地感受入群带来的好处。注意使用"数量有限"等话术，营造稀缺感，也让送福利这件事显得更可信。

推荐说法 3（兴趣吸引型）

嗨，小姐姐，我看到你在朋友圈发的自拍了，真是美死人了！我们现在正好在招募穿搭体验官，如果你感兴趣，欢迎加入我们的小群报名！你可以免费试穿我们的新款服装，还有专业的摄影师为你拍照，照片也会免费送给你。

想穿漂亮新装，找我们就对了！

（技巧点拨）

抓住不同用户的爱好，用特殊活动切中他们的兴趣点，能有效吸引他们入群。注意，兴趣吸引也可以与福利吸引相结合，让用户难以拒绝。

推荐说法 4（亲朋好友型）

● 亲爱的，你听没听说过 ×× 社群？那个群提供 ×× 方面的培训和辅导，一下子就吸引住我了！我还是第一次对一个项目这么感兴趣！真希望你也相信我的眼光，一起加群了解一下，怎么样？

就当给我做个伴儿，让我在群里不那么孤单，我给你发红包！

● ××，我最近和朋友一起组织了一个招商活动。说实话，心里还挺没底的。所以我想拉你进群，帮我撑撑场、助助阵，万一遇到不配合的陌生人，你还能帮我说说话。嘻嘻~你是我朋友，好处当然不能少了你的，回头给你包个大红包！

这类话术适用于邀请亲朋好友。话语亲切，同时也要真诚地对亲朋好友表示感谢。

注意事项

- 文字简单明了，无须太长。碎片化阅读时代，用户没有耐心看大段文字。
- 排版清晰，善用分段、符号、小表情等。
- 语气要委婉、亲切、友善，切忌使用命令式语言。
- 私聊邀请时可以在开头带上用户的名字，让用户感觉你是专门邀请他的。
- 如果用户回应了邀请，无论他是否接受邀请，都一定要回复他，表达感谢。
- 尽量表达出"限时限量"的意思，营造稀缺感。
- 把控发送邀请的时间，不要打扰到用户，让他产生反感。
- 适当搭配图片或海报，更加直观。

03_ 进入他人的社群，如何操作才能有效引流

场景1 初次进入他人社群

普通说法

大家好，加我领外卖优惠券哦！

进阶说法1

大家好，我是××，这是我第一天进群。

初次进群，玩个新鲜的！我用 5 个红包做一下简单的自我介绍，也感谢群主给我们营造这么好的交友氛围！

（发小金额红包，每个红包写一句关于自己的简单介绍）

我的朋友圈记录了更多经历与故事，也有我从大咖老师那里学来的价值百万的干货！

希望能和大家互相学习、共同进步！

进阶说法2

新人来报到啦！大家好，我是××，初次进群，还挺紧张，给大家发个小红包！

我没有什么特长，就是爱交流，爱讨论，爱和大家一起学习。希望能和群里的朋友们多交流！

入群前，我准备了很多 ×× 方面（社群涉及的领域）的小知识，如果不嫌弃，可以去我的朋友圈看哦！

话术公式	个人介绍＋红包／福利＋引导用户深入了解自己

技巧点拨

初次进入他人社群，千万不要立刻开始发布广告、引流拉人。这样只会被群主"踢"出群。进入他人社群，要遵守社群的规则，尊重社群用户。建议积极做自我介绍，并主动发放红包，快速增加社群用户对自己的好感，也让群主不好意思"踢人"。

随后，恰到好处地引出资源，埋下"钩子"，引导社群用户打开你的朋友圈，主动添加你为好友。

场景2　在他人社群引流

普通说法

大家想要的资源我这里都有哦，加我就能拿！

进阶说法

● （主动参与话题）看到大家在聊护肤的问题，我忍不住也参与一下。之前很长时间我都有皮肤问题，用了好多护肤品都不合适。最近我用了一款新产品，叫××（引流产品），还总结了一份护肤指南。如果有需要的，可以来找我私聊。

● （有针对性地赞美社群用户）××（用户名）老师，您说得太好了，我从您这儿学到了很多！您是不是在这个领域工作了许多年才有了这样的积累？如果有机会，我想和您就这些话题深入聊一下。

● （友好互动）看了大家的朋友圈，感觉都好有意思，不过我的朋友圈也不错哦！

● （响应群主号召）群主发布的这个活动真有意思，我先报名了！有没有其他小伙伴想和我一起参与的？咱们可以互相参考、配合！

技巧点拨

成功进入他人社群并扎根后，需要成为活跃的用户积极和其他人聊天、参与群活动，并在这些过程中巧妙地透露引流信息，吸引其他用户的注意力，引导他们加你为好友或看你的朋友圈，进而进入你的社群。

- 寻找合适的社群加入：如果你是做女装的，就加入女生多的聊天群；如果你是做网课的，就加入大学生群。

- 遵守群规则，懂礼貌，保持活跃。

- 体现自己的专业与热情，主动帮助社群用户解决问题，从而引导社群用户主动加好友。

- 长期互动。短暂的互动无法有效引流，长期参与某个社群的交流，才能吸引更多用户关注。

04_ 不同平台用不同话术，引导用户加社群

场景1 微信视频号平台

推荐说法

（视频封面话术）初次见面，送你一本我写的书！

（视频简介话术）点击下方图标，添加企业微信，私信"666"，领取职场秘籍课程↓↓↓

（私聊话术）欢迎关注由××老师发起的×××，和30万学员一起探索高效且适合自己的职场成长路径吧！

→点击领取【×××】课程←

对其中不清楚的地方，我们会在【×××答疑群】中讲解，可以先预习，明天邀请你进群呀！

简介区域十分显眼，方便引流，可以直接将引流的资源（课程 /
红包 / 优惠券等）作为福利礼包，引导用户私聊领取福利。

如果有用户找我们私聊，应当立刻展示自身实力，并兑现诺
言、赠送福利。

场景2 小红书平台

可以将小红书的用户名修改为微信号。

推荐说法

（笔记话术）

不好意思，我真的很会社群运营。

给大家分享一些运营小技巧，注意收藏哦！

还有更多好东西……想要的在评论区"留个爪"。

（私信话术）

- 看我的用户名，领取更全的资料＋展示资料截图

- 我来啦，小可爱，这边不方便发，辛苦你加我一下

（发送带有微信号的截图）

技巧点拨

在小红书发布正常的笔记内容，同时在文案里引导用户评论。
接着给评论用户发私信，引导对方看你的小红书用户名，获知微信
号或社群信息。

注意，出现某些词时，流量可能会受到限制。比如，最好不要

提及"微信"二字，使用"vx""围心"等，可避免审核不通过。

场景3　淘宝店

普通说法　五星好评，"+v"领红包！

进阶说法　收到的衣服穿着还好吗？如果喜欢，可以拍张美照发送至我的微信，给你返红包哦～

另外还有超多搭配建议、拍照指南、新品消息、售后服务，都在【小桃的衣柜穿搭群】（社群名称）等着你！

微信是……

技巧点拨

发红包的方式好用，但也容易造成用户流失——用户领完红包之后很有可能直接删除好友。淘宝店可以考虑为买家提供持续的售后、增值服务，从而吸引他们加入社群。

其他平台的话术

（1）今日头条：偏向内容分享的平台，下沉用户居多。适合采用浅显易懂、简单直白的话术。

举例：想赚钱，跟着我们就对了！

（2）知乎：质量较高的问答社区，用户偏爱高价值、高信息量的内容。适合输出长图文，在图文末尾添加社群引流信息。

举例：加入社群，获得更多新知。

（3）微博：流量较大的老牌微博客平台，用户规模庞大，喜好复杂。适合输出有针对性、时效性的流行内容，再进行引流。

举例：（趣味图文或福利信息）加群看更多哦！

05_ 哪些社群福利能让用户主动入群

1. 服务型福利

福利举例：一对一咨询、护肤指导、营养餐指导……

推荐说法 每天前 10 名进群的用户，送原价 ××× 的爆款精油，还有护肤官一对一指导如何养肤，赶快扫码抢名额！

（技巧点拨）

社群能方便社群用户之间及时、快速交流，因此很适合提供服务型福利。为此，社群中需要配置相应的客服人员。

2. 知识型福利

福利举例：网课、电子书、思维导图、爆款案例拆解……

推荐说法 关于 ××× 行业，我们团队写了一份 3000 字的调研报告，但朋友圈只能分享一部分。想要的朋友可以私信我，我邀你进群，领取完整版本！

（技巧点拨）

使用这种福利引流，可以先展示一小部分的内容，再吸引用户进群领取全部资料。

3. 体验型福利

福利举例：化妆品小样、服装……

推荐说法　正装口红一年用不完，口红色号又很多，选择小样才划算！低价体验大牌小样，随身小包包就能装下，还能减少"踩雷"的损失，扫码进群领券更优惠！

用真实可见的实物产品、用可以拿到的好物去吸引用户，可以很快吸引到"羊毛党"。

4. 红包型福利

福利举例：折扣券、满减券、代金券、现金红包……

推荐说法

● 店庆升级，全场饮品，天天 9.9 元，仅限本店使用，扫下方二维码，加入【福利群】，立即领券！

● 社群专享大额优惠券（×× 超市消费可抵扣 15 元的红包），每天上午 10 点开放限时"秒杀"，扫码进群，数量有限，手慢无！

● 我朋友的公司和 5000 多家大品牌有合作，在微信上做特卖活动，合作品牌的产品低至一折起，比如 ×××× 品牌 16 元起！扫码进群，今晚 8 点有开业"红包雨"，还有抽奖哦。

现金和红包是用户非常喜欢的福利形式，而社群正好是一个适合红包发放的私域。善用抢红包、"红包雨"功能，快速吸引用户。

5.互动型福利

福利举例：读书打卡、健身打卡、饮食记录、技能竞赛分享……

推荐说法 买书如山倒，读书如抽丝？还在苦恼读不完书吗？读书打卡群，为爱书者而生！

每月一本书，陪你坚持打卡 21 天，清空书架上的未读书籍！押金 50 元，完成 21 天的打卡就退还全部押金！

扫码进群，还送快速阅读笔记！

（技巧点拨）

部分有特定爱好、兴趣、习惯的用户，会很乐意加入社群，参与集体性、社交型的互动活动。社群可以以此吸引用户，设置比赛、互助、打卡等形式的互动，同时提供相应的奖励与福利，鼓励用户积极参与。

06_ 第一次邀请进群用户没回应，怎么进行第二次邀请

普通说法 小伙伴，看到你还没进群，之前群里发了很多有趣的东西你都错过了，有点可惜。我再邀请你一次吧，一定

要进哟！

进阶说法 1　晚上好，有个好消息忍不住想和你说！

之前邀请你进群你没有回应，我自我检讨了一下，感觉自己还是诚意不够，有些唐突了。所以这次我专门准备了一个大礼包！

（发送相关福利）

如果你觉得有用，咱们小群里还有更多，真心希望你能进来体验一番。如果还是觉得这个社群不适合你，直接退群也可以。

今天 12 点，我会在群里发"红包雨"，要不要来试试手气？

话术公式	自我检讨＋送福利＋邀请进群＋福利预告

技巧点拨

用户不加群是他的自由，千万不要让用户感觉你在责怪他。对第一次邀请时兴趣不大的用户，可以走"真诚待人"的路线，检讨自己，直接将福利送到他手中。同时，用类似"不满意直接退群"的话术，减轻用户压力。

如果用户实在不愿意进群，也不必勉强。

进阶说法 2　嗨，下午好啊～昨天和你说的分享会马上要开始了，主题是"如何挖掘自身优势，成为更好的自己"。虽然之前邀请你你没有答复，但我想你最近刚进入职场，这个分享会很适合你，不想你错过。

如果参加，扫下面的二维码，群里还会送你一套干货资料！

如果你忙，不进群也没关系，今明两天可以联系我，送你一份超实用的 5000 字行业实操指南。

话术公式	亮点内容 + 切中痛点 / 温馨提示 + 入群邀约 + 选择余地

（技巧点拨）

有些用户没有回应第一次入群邀请，可能是因为太忙，忘记了，也有可能是还在犹豫。无论如何，都可以再次联系对方，点明社群的亮点与福利，并将社群与用户自身的痛点或需求联系起来。

同样可以使用类似"不进群也没关系"的话术，卸下用户负担，增加用户好感，也更利于促成用户入群。

07_ 邀约大咖怕被拒，怎么说提高进群成功率

步骤 1 寻找与社群匹配的大咖

互联网大咖如云，但为了提高进群成功率，一定要找到适合社群的大咖。

大咖类型 1：在行业内有一定影响力的权威人士。

比如图书写作交流社群可邀请粉丝超千万、出版过众多畅销图书的作者。

大咖类型 2：有专业积累，能够解答社群用户疑惑的人。

比如母婴社群可以寻找当地的特级老师、甲级医院的儿科专家。

大咖类型 3：有丰富的资源与渠道的人。

比如求职面试群可邀请某公司的人力资源总监，或某电视台求

职面试类节目的主持人等。

步骤2 主动和大咖建立关系

刚与大咖认识，互相还不熟悉时，不能直接邀请他们进群。大咖时间宝贵，在和其不熟悉的情况下，哪怕社群再好，邀请其进群的成功率也不会高。建议先花时间与大咖建立关系，可参照如下方法。

①主动参与和大咖相关的活动。如粉丝见面会、新书签售会、新媒体文章赞赏和评论、付费咨询等。

②努力成为大咖出席的活动中活跃的志愿者或工作人员。如成为笔记达人，活动策划负责人、承办方、赞助者等。

③给大咖提供独家资源与酬劳。如市场报告、商务拓展、品牌推广资源、报酬。

步骤3 开始邀请

推荐说法1

××老师，非常钦佩您在××领域做出的贡献，我们许多人都是跟着您的脚步才有了今天的成就。如果您有空的话，我想邀请您加入我们的学习社群！

我们社群用户的主要构成：企业家＋银行高管＋投资人＋年轻创业者……

我们的社群活动：主题分享、私董会、项目推荐会……

我们的社群目标：在时代中激流勇进，缔造企业传奇！

您的到来会为我们的社群增光添彩，我们的社群也会竭尽所能为您提供资源与协助，期待与您一起进步！

（发送群号或二维码）

话术公式	夸赞大咖 + 社群介绍 + 入群好处

（技巧点拨）

邀请大咖入群，重要的是表达清楚对大咖的敬佩、尊重与需要，接着再点明社群的亮点，让大咖意识到入群对自己也是有好处的。互惠互利，更能吸引到有价值的大咖用户。

推荐说法 2

× 老师，早上好！

想必这时候勤奋的您已经开始工作了吧？我要在早起最清醒的时候联系您 ✺

这次联系您，是希望邀请您加入我们的社群，做一次 1 小时的在线有偿分享，形式是"微信群主题分享 + 互动"，主题为 ××。

时间是 9 月 20 日 ~30 日中任意一天的晚 8：00—9：00。

地点是【21 天打卡群】，群内约 140 人。

您可能会想，这个群是什么来头？人多不多呀？

这里向您介绍一下~这是一个以 21 天打卡为主题的读书群，从去年 5 月到现在，连续进行了 17 轮打卡。您可能会好奇：哇，一年多了还很活跃，还请大咖来分享，这个群是怎样做到的？

我们的特色主要是"押金+淘汰"制、轮值监督、主题分享机会，还有邀请您这样真正的大咖来做客。

期待和您相识相知，产生链接！您时间宝贵，所以这次分享会支付×××元的酬劳，略表心意。除此之外，我们还有许多合作平台，也可以为您推荐。

期待您的回复。这次您没有时间来做分享也没关系，只要打卡群在，我们随时等您。祝您今天工作顺利！

话术公式	开门见山讲明来意＋介绍社群＋介绍邀请原因＋讲明报酬＋留下联系方式

能打动权威人士的邀请话术，一定要有满满的诚意。务必真诚、直白、清晰明了地表达自己的目的，同时展现出自己的实力。

同时，要留有余地，哪怕这次被大咖拒绝，还可以争取下次再度邀约。

08_ 社群欢迎语怎么说，才能使用户愉快地留下

普通说法　你好，进了群就是缘分，不妨多聊聊。

进阶说法1　××（用户名），你好，你来啦，欢迎进群！我是××，很高兴遇见你，送你一份见面礼！

【500多页的读书笔记PPT，浓缩数＋本职场人必读图书

精华】

我每天会在群里分享我对职场的思考，如果你对职业发展、个人成长、读书写作等感兴趣，欢迎和我交流。

此外，在群中，不仅可以领取更多干货资料，围观直播，向我提问，还可以和其他优秀职场人一起加速成长！祝你玩得愉快！

进阶说法2　××（用户名），你来啦，谢谢你加入我们的大家庭！送新朋友一份小礼物，是我最近总结的行业资料！

如果你正在关注这个领域的内容，欢迎与大家交流讨论，我也会在群内分享更多资讯。

话术公式	点名欢迎 + 福利赠送 + 活动预告

（技巧点拨）

用没有实质意义的话套近乎，用户可能很快就忘记了社群的存在。重要的是在用户入群时使其快速了解到社群能给他带来什么好处，并直接感受到这个大家庭的温暖。

其他欢迎语

● 欢迎××（用户名）入群，在群内发以下数字即可快速了解对应的内容哦！

发送【1】快速了解群规

发送【2】快速了解群价值

发送【3】快速了解群服务

发送【4】快速了解项目详情

如果上面的选项解决不了你的问题，请在本群向群主提问，群主会为你答疑解惑~

- 是你，××！进了群就是我的人了，没事的话多在群里唠唠嗑，交交朋友，也记得看看群规则哦！
- 春风十里不如你，给你一份见面！
- 老乡，你来啦！家乡的礼物已经为你准备好了！

09_ 怎么鼓励用户在群内做自我介绍

<u>普通说法</u>

欢迎新人入群！来介绍介绍自己吧，让大家熟悉你！

<u>进阶说法1</u>

嗨，亲爱的新朋友们！为了增进咱们彼此的了解，大家来做个自我介绍吧！

【自我介绍】

❤ 我是谁

❤ 坐标

❤ 标签

【做过的特别牛的事】

【特别擅长（特别想分享）的事】

【入群的期待】

如果怕生，群主我先来！

（群主自我介绍）

话术公式	欢迎语＋给出自我介绍格式＋群主主动自我介绍

技巧点拨

让初来乍到的新人直接做自我介绍，对方很可能不知如何是好。这时，群主可以提供自我介绍的模板，让用户有发言的依据。同时群主可以率先自我介绍，起示范作用，让用户安心。

进阶说法2

【心连心茶话会】@所有人

为了增进彼此的交流，今天20：30—21：00，我们将开展心连心茶话会活动，给大家一个自我介绍、彼此熟悉的机会！

不知道说什么好？别担心，参考模板来啦！

【基本信息】姓名＋家乡＋部门＋岗位＋兴趣爱好／特长

【真心话】令你最有成就感的一件事／你本次学习的目标是什么？

【大冒险】发送有你出镜的表情包／你的自拍／你的视频，"有图有真相"~

另外，本次活动引入积分机制！

发布介绍即可获1积分！

发布"真心话"再加1积分！

发布"大冒险"再加2积分！

期待大家的自我介绍哟~自我介绍不局限于以上信息，大家有其他的想法也可发出来！

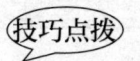

除了提供模板，社群也可以为参与活动的用户奖励积分，让用户更有动力进行自我介绍。

*10*_ 新人爱"潜水"，这样打破僵局

方法 1 一对一发福利

普通说法

您好啊，我看到您的自我介绍中写着您是在教育行业工作，咱们群里有不少您的同行，以后大家可以多多交流！

进阶说法

××老师，您好，我看到您的自我介绍中写着自己在教育行业深耕，我这边正好有一份今年教育行业的市场报告，发给您看看，希望会对您有启发！

后续咱们群内也会组织不同行业的交流会，到时候您可以关注一下，也期待您指点指点大家！

话术公式	点出用户信息 + 提供福利 + 预告更多福利

新人入群后就不再开口？可以直接与其一对一对话，让用户感

受到自己是被社群重视的。具体可以拆解为以下 3 步。

第一步：通过对方的信息破冰，使其对你产生好感。

第二步：给对方提供有价值的信息，获得对方的信任，拉近与对方的距离。

第三步：告知未来群内将开展与对方相关的活动，引起其重视。

方法 2　一对一鼓励

普通说法

小伙伴，你好呀，最近是不是比较忙，没有时间参与社群活动和讨论？还是第一次来，有些害羞和陌生呢？我是你的专属助理，看看有什么我能帮到你的！

进阶说法

小伙伴，你好呀，最近是不是比较忙呀？我是你的专属学习官，我看到你进群没过多久，就完成了第一课的学习，特别棒！

下一步你只需要完成作业打卡就可以了，如果还有时间，可以来群里参加 8 点的社群活动哦~有不熟悉的地方，也可以直接问其他成员，他们可想帮你了！

话术公式	私聊问候 + 赞扬鼓励 + 邀请参与

（技巧点拨）

社群运营话术要有温度、贴心、友善，可以一对一关心用户最近的状况，表现出社群对他的看重。

同时，引导用户参与接下来的社群活动，帮助用户融入社群。

最后，记得鼓励用户直接在社群中发言，有了第一次发言，第二次、第三次就简单多了。

方法3 借助热点话题

普通说法

大家有没有发现今天有个话题很火？×××（热点话题），大家可以一起探讨探讨呀！

进阶说法

刚刚我看到××老师提到×××（热点话题）的问题，对于这个问题，我相信群里很多相关领域的老师肯定有自己的看法。咱们可以一起探讨探讨哦！

特别是新入群的几位朋友，大家都特别期待新观点、新想法，希望你们能指点指点我们哦！

下面我先来抛砖引玉一下。

话术公式	抛出话题 + 鼓励讨论 + 抛砖引玉

技巧点拨

要强调对新人的重视，引导他们参与讨论。这个方法可拆解为如下3步。

第一步：找到能让大家感兴趣，甚至产生共鸣的热点话题。

第二步：引导大家对这个话题进行思考。

第三步：降低大家探讨的门槛，可以自己先发言，为大家做示范。

11_ 新人随意退群，怎么说才能让他珍惜社群

普通说法

大家现在千万不要退群，我马上要给大家发福利啦！

进阶说法 1

告诉你们一个小秘密：我们邀请加入本群的用户都是我们的超级 VIP，我们给大家提供的也是只针对 VIP 的福利和服务！群成员名额有限，满员了，其他人就进不来了。

每周群里都会举办一次限时"秒杀"活动，名额有限，大家可以置顶本群，避免错过哦！

话术公式	稀缺的资格＋后续福利预告

技巧点拨

"不要走""不要退群""不要屏蔽"……这些带"不"的字眼，往往会给用户消极暗示，也阻止不了用户退群。

用话术给予用户尊贵、专属、独享的感觉，明确指出社群成员名额的稀缺性，能够促使用户深入思考退群的弊端。

进阶说法 2

大家周日快乐！恰逢周末，我们群又来了这么多新朋友，正好可以为大家做一次本周活动回顾！

【"红包雨"下不停】

本周我们进行了一次刺激的"红包雨"活动，为大家提供

了 ×× 份红包。没什么其他目的，就是想请大家喝奶茶。

【团购大战】

周二社区上新，超新鲜水果，咱们以 ×× 元的团购价就拿下了！水果店老板都看傻了！

【趣味小游戏】

本周我们玩了 5 次小游戏，有成语接龙、猜字谜……第一名还赢走了特别大奖！

……

（技巧点拨）

借"回顾"的机会，向新用户直观地展示社群实打实的活动与好处，让用户心动。

可以搭配照片、视频等，证明活动的真实性。

第3章

社群运营：

让社群热度居高不下

01_ 早中晚的社群日常活动，如何执行

场景1　早晨

推荐说法1

家人们，早上好！

【今日天气】晴朗，大家做好防晒！

【早间新闻】（与社群定位有关系的新闻）

【新的一天寄语】立下生活志向，活出生活精彩；铺好今天沙石，走出明天大道。

推荐说法2

早安 ♡

心存阳光必有美好时光

心中有爱何惧人生

温暖的阳光为我们开启新的一天

不要辜负了美好的晨光 ✿

话术公式	早上的问候＋天气情况＋早间新闻＋寄语＋……

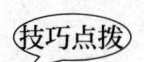

除了简单的问好，还可以谈谈天气、新闻，摘录名言美句作为寄语等。之后可以和社群用户进行5分钟左右的互动。

场景2 中午

<u>推荐说法1</u>

中午好，记得吃午饭哦！最近天气是不是很热，大家有食欲吗？

（社群用户回答：天气太热，吃不下）

我懂这种感觉，正好，我们有一些下饭菜，大家可以看看~【酸豆角下饭菜】酸酸脆脆，好吃不贵！

（接产品介绍）

<u>推荐说法2</u>

中午到，太阳高高照，祝宝贝们的心情和阳光一样灿烂！

（社群用户回应）

今天群主我遇到了好事情，心情特别好！有朋友给我们发了喜讯，他听了我们的课程，成功考过了××（或者使用某产品取得了某种效果）！和大家同乐一下。

（展示用户好评）

话术公式	午间问候 + 引导交流 + 产品介绍

（技巧点拨）

中午，尤其是午饭时间，用户通常会玩一会儿手机，也就有可能参与社群聊天。这个时间段，可以在群里抛出话题，引导用户交流，随后进行商业推广，比如发布产品介绍、产品好评、卖点讲解、公司介绍、活动信息……

场景3 下午

推荐说法

群里的家人是不是都在上班呢？还是和我一样在悄悄"摸鱼"？

偷偷给大家看看我们工作的样子，猜猜我们在干什么？

（展示店面、员工等，引导用户交流）

哈哈，我们在为大家准备下一次的活动。还有一大堆新品和样品正在筹备中，敬请期待！

话术公式	下午的问候 + 展示工作情况，引导交流 + 活动或新品预告

技巧点拨

下午1点到6点，用户往往在工作。但即便在工作，人们也难免会分神。可以借机在群里与社群用户闲聊几句，并透露一些关于产品、活动、福利等的信息。主要目的是展示真实的工作场景，拉近社群与社群用户之间的距离，也有利于后续营销活动的开展。

另外，可以与部分有空的社群用户私聊，巩固联系。

场景4 晚上

推荐说法

一天的工作结束啦，大家辛苦了！

不知道今天你们在生活、学习和工作上都有什么收获呢？快来和大家分享一下，小红包等着你们。

（等待社群用户分享）

看到大家的生活都这么充实，群主也按捺不住了！这一

天，我们的活动取得了×××的成绩，帮助××人学会了
××……（总结社群活动与销售成绩等）

明天又是新的一天，期待与大家继续进步、继续收获！

还有更多活动等着大家！

话术公式	晚间问候 + 用户总结 + 社群总结 + 明日预告

技巧点拨

晚上7点到9点是大部分人休息和放松的时间，适合聊轻松的话题或回顾当日的收获。这时，可积极与社群用户沟通，发放小红包，增强社群的凝聚力。

注意，晚上9点以后，过于频繁的消息可能会打扰到社群用户，所以应当把控好群聊的时间。

02_ 每周7天这样聊，精彩不重样

场景1 周一

普通说法　今天是周一，"每周一晒"环节来啦，大家可以把自己的成果"晒"出来！

进阶说法1　今天是周一，是咱们IP营专属的"每周一晒"环节！

老师们快来分享喜悦、发布需求，与想合作的人深入交流。

上一周您都有哪些收获呢？发生了什么值得喜悦的事？或

者，您遇到了什么难题，树立了哪些新的目标？

快来和我们分享吧！

(技巧点拨)

围绕人脉链接、兴趣爱好等建立起来的服务交流类社群，可以在周一设置一个展示成果的环节。周一是每周的开始，引导社群用户进行简单的总结，有助于提升社群发展的势能，营造积极的氛围。

在话术上，需要多加引导，避免有些社群用户不知道要发什么内容。

进阶说法2　各位小伙伴们，早上好！

今天是周一，大家将进行第一次必修课的听课和打卡。愿学习愉快！

【今日课程】

主题：变现篇（上、下）

主讲嘉宾：三月老师

听课地址：×××××（课程链接）

作业提交：鲸打卡（必修）

时间：今日全天

你关注什么样的人，决定你将看到什么样的世界。

话术公式	主题＋嘉宾＋听课地址＋作业提交＋时间＋金句

进行课程学习的社群是典型的内容类社群。可以在周一安排必修课程，让社群用户进入学习状态。话术条理要清晰，把课程信息一一罗列出来，做到一目了然。

进阶说法3　"惊喜星期一"来啦！忙碌的周一，怎么能少了"买买买"来调剂呢？

中午12点，我们给大家准备了一场"专属秒杀"，包含的产品都是大家特别喜欢的好物，特别是之前呼声很高的小零食，限量30份哦！

（技巧点拨）

大部分用户周一情绪都比较低落，精神也会涣散。此时可用重磅活动来吸引他们的注意力。

场景2　周二～周四

推荐说法1

今天早上好热闹，工作日快乐！刚好今天是"资讯日"，分享几条有趣的资讯给大家！

（发送海报）

再分享两条实时资讯：

今年××平台各行业用户画像的报告；

××平台3月8日会开启××主题的短视频扶持计划，做

××平台的老师可以关注一下哦。

资讯分享完毕，新的一个月即将开始，我们一起加油！

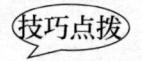

社群要长期运营下去，需要注重社群发布内容的含金量，以及实时有效的信息互通。可以将某个工作日设置为专门的"资讯日"，在这一天发布新鲜资讯，或者转发热门文章、视频等，让社群用户了解更多的新信息。

话术最好能与多种信息方式结合，如图文结合，这样更能吸引社群用户的注意力。

推荐说法2

群里的各位伙伴，早上好呀。今天又是元气满满的一天！

【今日学习／讨论／创作内容】

主题：你是否为到了35岁可能会被裁员而焦虑？

（或"你对社群发展有什么建议？""群规对你的群聊体验有帮助吗？"等）

主题创作发布位置：鲸打卡

截止时间：2月14日晚9点

福利：所有完成打卡的同学，都可以获得社群金点子库资料包一份哦！

技巧点拨

一个较为高端的社群，要注重社群用户的共同创作、共同建设。所以可以设立"社群共建日"，让大家把自己所学所想、对社群发展的建议等分享出来，和其他用户一起碰撞出思维的火花。这样会使社群的凝聚力进一步提高。

话术要描述清楚创作内容，并且用福利来进行激励。

推荐说法3

度过了繁忙的周二，你的工作还顺利吗？

今天我们又一起迎来了"团购星期三"！

我们给大家带来了不一样的福利品，今天11点我们就会为大家揭晓！2人即可成团，11点准时开团，限50个名额，先到先得！让我们用积极向上的气势开启一周的黄金时间吧！

技巧点拨

周中可以设置团购日、消费日，增加社群用户之间的互动。对于产品型社群，一周的前三天需要用性价比高的产品吸引社群用户消费，不断促使他们关注社群，从而助力后续活动的开展。

场景3　周五

普通说法　马上就要到周末啦，大家快出来聊聊天啊！

进阶说法　结束了一周的工作，家人们辛苦了！周五晚上8点"闺蜜茶话会"也将准时开启！

今天谈心的主题是："暖心的小确幸"。大家可以尽情分享生活、工作中的难忘记忆。

群内分享获得点赞最多的姐妹还有小惊喜哟！

对于大部分用户来说，周五他们可以卸下疲惫，开始休息，所以可以在群里发布一些轻松愉快的话题，邀社群用户分享、讨论，帮助用户快乐开启周末时光。

场景4　周六

推荐说法1

各位伙伴们，早上好呀！有没有趁着休息日睡懒觉呢？

今天是周六，让我们卸下疲惫，放松心情，总结一下自己一周的收获吧！

今晚7点，有红包游戏哦！

【今日话题活动】

主题：一周所学复盘

时间：2月18日全天

活动奖励：PPT模板资料包一份

"复盘既是在重新理解过去，也是为未来做准备。"

复盘其实就是优化自己的心智模型，不断升级思维，找对成长方向的过程。

技巧点拨

周六，大多数人一周的工作都结束了，学习型、信息交流型社群可安排复盘活动，鼓励社群用户总结自己一周的收获。

推荐说法 2

周六晚 8 点，【和大咖一起美好生活】直播又要跟大家见面啦！今晚我们邀请了两位事业成功的女性与大家见面，讨论现代女性该如何更好地生活。不见不散哦！

（技巧点拨）

周六是难得的休息时间，社群用户时间充裕，此时可以安排直播活动，与用户深度交流。

场景5 周日

推荐说法

明天就要上班啦，好舍不得周末。

宝贝们别伤心，周日"秒杀"狂欢准时来啦！今天晚上 7 点，我们给大家准备了 10 款好物，价格优惠前所未有，还有一分钱"秒杀"活动～先抢先得！

愿你心想事成，满载而归，下周又能元气满满！

（技巧点拨）

到了周日，下一周的工作又将开启。社群同样可以在周日安排复盘总结活动，除此之外，也可以借"安慰即将上班的用户"这个由头，设置力度大的优惠福利活动，使群内气氛活跃起来。

03_ 两个贴心小技巧，让用户感受社群的温度

技巧1 主动整理群消息

普通说法 大家有时间可以多多参与群内活动哦，我们的活动一般是晚上 8 点开始，记得准时来哦！

进阶说法 宝贝们，群里活动丰富多彩，大家可以选择自己喜欢的参与哦！

不用担心错过，错过的都是不重要的，重要的我们都会私信告诉大家，并且整理好放入群聊精华中，方便大家随时查看！

放心关上手机，不用担心错过好消息。

技巧点拨

社群人一多，消息铺天盖地，用户难免想设置"免打扰"，但又担心错过重要消息。此时社群主动提供解决方法，为用户打点好一切，可以提升用户好感。

技巧2 为用户提供选择余地

普通说法 交流活动又要来了，大家可以说说自己感兴趣的话题，我们搜集起来，到时候可以一起讨论呀！

进阶说法 今天我们给大家准备了 3 个话题，大家按照自己的喜好来投票就好！票数最高的话题，将作为我们的茶话会主题！

让用户自己提意见，就好像课堂上让学生举手发言，总有冷场的时候。社群运营人员可以主动提供选项，让用户更加轻松地参与社群讨论。

04_ 如何发红包，效果好、互动多

普通说法　欢迎大家进群！我发个红包庆祝庆祝，后面还有更多精彩内容哦！

"干巴巴"地发红包，不仅没有炒热气氛，还白白浪费了钱。在社群中发红包也有多种发放技巧。

方法1　欢迎红包

进阶说法　@用户A，@用户B，欢迎新成员进群，大家热烈欢迎！

按照我们的习惯，有几个新成员入群，就发几个红包，大家记得来抢！

也希望你们在群里过得开心！

红包文案：欢迎新朋友进群！

技巧点拨

在迎新时发欢迎红包，能让新人感受到社群的热情，同时也能炒热群内的气氛。

红包数量：群人数的 10%。

红包金额：较低。

方法2　邀请红包

进阶说法　真开心咱们群人数越来越多，还有一些朋友主动邀请好友进群来参与我们的活动，谢谢你们的支持！

你们这么给力，我肯定要多送福利。咱们群人数每增加 20 人，我发一次小红包；邀请好友进群且对方没有退群的朋友，我再私信送一个大红包。

红包文案：人数已达 ×××！

技巧点拨

邀请红包适用于社群发展前期的拉新活动，可以分为群发红包与个人红包。

红包数量：群人数的 20%。

红包金额：较高。

方法3　签到红包

进阶说法　家人们，每天早上 10 点和晚上 10 点，我会在群里发早晚安红包哦～金额不多，在于心意，希望大家每天能在这个群里小小地聚上一两次。

在的家人发个"1"，有多少"1"咱们就发多少个红包哈！

签到红包可用于活跃社群气氛、预热活动，甚至能激活沉默的用户。

红包数量：比签到人数多一两个。

红包金额：低。

方法4 节日红包

进阶说法 每个月的14号是我们的专属粉丝节，活动多多，不要错过！

当天我们会在群里撒"红包雨"，14：30到15：00，发放红包持续30分钟！准备好，拼手速，红包抢不停～

（技巧点拨）

适用于特殊的节日活动，可活跃社群气氛，为后续的节日活动做准备。

红包数量：群人数的20%，并持续发放。

红包金额：较低。

方法5 通知红包

进阶说法 我们的活动将于××点正式开始，网红好货轮番上架，更有全场8折优惠！不要错过哦！

红包文案：活动××点正式开始！

适用于通知社群重要活动何时开启或结束，利用红包的提示功能吸引用户的注意力，也能消除用户对营销活动的反感。

红包数量：群人数的 10%。

红包金额：低。

方法6　专属红包

　　进阶说法　本次粉丝节圆满落幕，不知道大家都有怎样的体验与收获呢？我看到××（用户名）将这次活动的体验分享在了群里，我们看了非常感动，特别送上大红包一份！

　　红包文案：××（用户名）的专属红包。

适用于奖励特定用户，比如"晒单"奖励红包、分享奖励红包、建言献策奖励红包等。发放专属红包可以加强用户的凝聚力，也能起示范作用，引导更多用户参与。

红包数量：专属用户一人一个。

红包金额：高。

方法7　指令红包

　　进阶说法　将活动海报转发至朋友圈，回到社群回复"已转发"，有红包相赠！

指令红包的目的是鼓励用户按照要求进行操作，助力社群运营。红包相当于对用户的补偿与感谢。

红包数量：群人数的 10%，可多发几个。

红包金额：中。

05_ 如何做好用户留存，将社群长期运营下去

方法1 积分打卡

推荐说法 进了我的群，就是"我的人"，跟着我吃香喝辣，群里活动好又多！

家人们，记得每天点击群公告里的链接，进行打卡签到。

签到好处多：领积分，换好礼，享折扣！

（展示积分福利）

签到次数越多，领取的积分越多哦！

话术公式	欢迎语＋活动指引＋签到好礼

技巧点拨

签到、打卡、积分……这都是让用户长期停留在社群中、保持活跃，并且参与消费的实用技巧。注意，签到页面要设置得醒目、容易触及，签到积分所换取的好礼也要有一定价值，从而吸引用户

长期关注。

方法2 老用户特权

推荐说法 风雨同舟，感谢有你！今天的红包送给咱们社群的老成员、老朋友，感谢这些日子以来你们的支持，感谢你们在群里的每一次发言！@ 老用户 A @ 老用户 B……（发送红包）

想让用户留在社群，就得把他们变成老用户。给老用户特权与实惠，能吸引用户留在社群。

方法3 产品试用与测评

推荐说法 有没有人好奇一款新产品是怎样制作出来的？好奇的朋友发"1"，我偷偷给你们看点秘密信息。

（等待社群用户回应）

我们的新款 ×× 产品（或课程等）正在研发中！这里我们给大家透露一些相关信息。另外，我们非常需要你们的意见与建议！我们将选择一定数量的群友进行产品测评，收集大家的宝贵意见。参与测评的群友，将来购买产品时可享受 7 折优惠哦！

其他未参与测评的群友，也可以积极提出建议，我们会综合大家的想法，做出更好的产品！

话术公式	引导互动 + 产品信息 + 招募测评

技巧点拨

要求用户参与试用与测评，深度参与一款新产品的研发或制作，相当于将用户与社群、与产品牢牢联系在了一起。贡献自己的精力与智慧，参与产品的研发或制作，会让用户更有成就感、获得感和参与感，由此对社群产生感情，更乐于留下，等待产品正式推出。

方法4　用户排名机制

推荐说法　本月的积分榜活动又开始啦！

【参与方式】从本月1号开始，积极在群中签到、参与活动、发布好评、分享到朋友圈，都可以获得社群积分。我们的运营官会记录大家的积分情况，每周日公布积分排行！

【积分榜奖励】月底结算积分，在积分榜上排行前十的家人都会获得我们的专属大礼包，第一名的家人更能获得一年的VIP会员！

快来参与吧！

话术公式	参与方式 + 排行榜奖励 + 补充内容

技巧点拨

设计一个用户排行榜，提供名次奖励，直接给用户一个竞争目标。记得准备有价值的名次奖励，让社群用户心动，从而长期停留。

方法5 社群淘汰机制

推荐说法 群主温馨提示，社群用户数量有限，长时间不活跃的宝贝会被"抱"出群哦。

如果还想进群，可以私聊群主，只要积极活跃，就能被"抱"回群里！

技巧点拨

社群可以适当设置惩罚机制，淘汰不活跃用户，让用户产生一定危机感，保证群聊活跃度。

方法6 鼓励社群用户社交

推荐说法 本周的社群交友日又到了，让我们来积极交友吧！

在群里寻找志同道合的朋友，为彼此点赞、转发，如果很聊得来，也可以添加彼此为好友哦！

往期不少群成员就是通过交友日交到了要好的朋友呢！

（发送往期交友成功的案例截图）

技巧点拨

鼓励社群用户在群里多交朋友、多多联系。当用户在群里有了要好的朋友，有了交流的对象后，会更乐意参与社群活动，而不是草草退群。

06_群聊冷场，怎么引导用户踊跃交流

场景1 社群交流少

普通说法 大家可以在群里多多交流啊，多个朋友多条路！

进阶说法1 猜猜今天我在群里收到了什么好消息？

昨天下午××（用户名）和我说，因为她经常和群友交流，现在她们已经在××方面（合作领域）达成初步合作了！让我们祝贺她们！

另外，我还知道有些聊得好的朋友已经线下"面基"了，大家相见恨晚！

（附上群友见面的照片或能证明他们见面的截图）

咱们群就是这样一个越聊越惊喜的平台，欢迎大家一起交流呀！

话术公式	设置悬念 + 成功案例 + 更多案例佐证 + 鼓励交流

技巧点拨

直接吆喝很难让腼腆的用户发言，但利用真实案例也许会有意想不到的效果。点出具体用户，点明成功交流后他们收获了哪些成果，还可以提供图片、视频等作为证明，让用户更加信服，从而迈出交流的第一步。

进阶说法2 大家下午好，前段时间我们通过私聊，了解到很多朋友对×××话题很感兴趣，只是大家没有在群里表现出

来，也不知道要和谁讨论。

（呈现私聊截图，可根据用户要求，用马赛克隐去其用户名）

正好我也非常感兴趣，特别想和家人们一起聊聊。所以，我们打算围绕这个话题开展一次交流活动！大家可以自由发表感想，和彼此讨论。在讨论中发言最活跃、最有说服力、最"圈粉"的小伙伴，还可以获得我们准备的专属奖励哟！

那我们现在就聊起来吧，说不定你就和谁碰撞出思维的火花了呢？

话术公式	私聊内容 + 交流活动 + 提供奖励 + 鼓励话语

技巧点拨

运营人员可以与用户一对一私聊，问出他们不发言的原因或者感兴趣的话题，以此为切入口在社群引导交流。还可以组织一场小型辩论会，为积极发言的用户提供实在的奖励，引导用户积极参与交流。

场景2 用户发言无人回应

普通说法　刚刚 ×× （用户名）的发言大家有同感吗？可以聊聊哦！

进阶说法　刚刚 ×× 谈到了 ×××，其实我也有同样的经历（或感悟、想法等）。和她一样，我也……（根据用户发言进行补充）

而且我很佩服她的勇气，她说出了我想说但又不好意思说的。感谢她的无私分享。我们来一起给她点个赞吧！××真棒！

话术公式	表示感同身受 + 分享自身经历或看法 + 赞美发言人 + 引导用户鼓励发言人

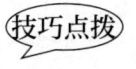

直接鼓励其他用户来回应发言的用户，固然是一种方法，但其他用户很可能不知道怎么回应好，导致冷场。此时，社群运营人员可以分享自己的例子，借此肯定并鼓励发言的人，引导用户给予发言人简单的正反馈，降低其他用户表达的门槛，从而实现活跃气氛的目的。

另外，社群运营人员可以给予大家一些简单的行动指引，引导更多用户进行简单易懂的互动，让氛围很快活跃起来。

07_ 热点事件，怎么聊能激活社群

普通说法　今天×××事件上了热搜，大家关注了吗？

进阶说法　今天×××事件上了热搜，不知道大家有没有关注。

（发送热点事件的相关链接、图片、视频等）

对这件事，虽然有人说……但是我并不赞同大多数人的观点。我觉得，其实这件事应该这样看待……（表达自己的观点）

当然，这也是我自己的理解，不知道群里的家人们有什么独到的见解，可以一起讨论讨论。

话术公式	点出事件 + 表达见解 + 引导用户讨论

在社群讨论热点事件，需要注意以下几点。

速度快：在海量信息高速传播的互联网，热点、"热梗"都有高度的时效性。因此社群运营人员要快速了解热点事件的基本情况，并找到事件与自己社群的联系。

互动强：在社群讨论热点，目的是与用户进行互动。因此选择的话题要具有探讨的余地。

角度新，观点正：利用热点引导互动，可以选择新奇独特的角度对事件进行解读，使用户产生兴趣，加入探讨。但应注意，提出的观点一定要积极正向，避免让用户产生反感。

08_ 大咖进群做分享，群主怎么说才能让大家更期待

场景1 大咖进群前通知用户

普通说法 大家注意了，今晚有重磅嘉宾来为我们做分享，一定要准时来参加哦。错过损失就太大啦！

进阶说法 【重要通知】

今晚7点，×××老师准时进群做分享啦！

今晚我们邀请的这位嘉宾非常重磅，他有着多年的职场工

作经验，曾经出版过 × 本职场类畅销书。今天分享的内容也是大家非常需要的"升职加薪三大秘诀"，希望升职加薪走向人生巅峰的你，一定不能错过！

悄悄告诉大家，这位老师给别人上课，一小时的费用是×××元哦！这一次他在我们社群免费做分享，有空的同学们把握机会，准时来听，不要错过了！

话术公式	醒目的通知＋活动时间与内容＋大咖介绍＋渲染活动的价值

技巧点拨

"重磅嘉宾"到底有多重磅？用具体的、切中痛点的主题吸引用户，用数据体现嘉宾的重磅程度。

场景2 分享开始前进行预热

普通说法 还有 30 分钟，分享就开始了，大家抓紧时间集中注意力来听分享啦！

进阶说法 倒计时 30 分钟！

倒计时 30 分钟！

分享就要开始啦！今晚不仅有硬核干货，我还给大家申请了 5 个答疑名额，送给积极互动的同学！想要提问机会的同学一定要准时到场哦，不见不散！

话术公式	倒计时＋分享内容＋专属福利

大咖即将开始分享之时，需要预热，烘托气氛，让不在场的用户赶快入场，让在场的用户兴奋起来。可以使用专属福利为活动添彩，让用户没有不来的理由。

场景3　大咖分享开始

普通说法　分享开始啦，同学们快来听啊！

进阶说法　（发红包，红包封面上写：已经到场的同学举个手！分享开始啦！）

下面我们有请今晚的重磅嘉宾，大家喊出他的名字！对，就是我们的李老师，他今天会给大家带来精彩分享，一起期待吧！

注意，分享没有回放哦。大家快快奔走相告，想来听的千万不要错过！

话术公式	提醒红包＋欢迎嘉宾＋提醒无回放

用红包和互动让社群氛围变得热闹。另外，可以根据分享活动的情况，选择不提供活动回放，营造分享活动的稀缺性，让用户产生急迫的心情，踊跃参与。

场景4　大咖分享过程中用户不断发言

普通说法　大家先不要打断嘉宾的分享，这样会让嘉宾的分享不连贯！麻烦大家安静一下，我们先来听分享！

进阶说法　看到有些同学跃跃欲试，想提问和交流，看来大家很喜欢今天的分享啊！但现在最重要的是听我们李老师的发言，对不对？

不用着急，我们在分享活动的最后给大家留出了专门的交流时间，足够李老师为大家答疑！

咱们先专注听分享，跟着李老师的节奏来，这样我们的学习也会更系统哦！

话术公式	肯定用户的行为 + 告知交流的时间

技巧点拨

只要不是恶意捣乱，尽量不要给用户发言的行为贴上负面标签，让用户产生负面情绪。社群运营人员可以先肯定用户发言的行为，再让用户知晓具体的交流时间，最后快速将用户的注意力引回嘉宾身上。

09_ 社群活动结束，如何"丝滑"收尾

普通说法　我们今天的活动到此结束，感谢大家的配合！

进阶说法　亲爱的家人们：

今天的分享活动圆满结束啦！🎉🎉🎉

在这里要感谢××老师的精彩分享！感谢大家的支持与配合！

非常开心能与你们在这几个小时中共同学习、进步。

感谢××（有贡献的用户A）在活动过程中提出的宝贵意见，也感谢××（有贡献的用户B）提出的好问题，让我们学到了很多。你们每个人的表现我都看在眼里。

❀ 最后提醒大家，整理好文字、图片、思维导图，趁热打铁做好活动总结，会更有收获哦！

话术公式	通知活动结束＋感谢嘉宾（或活动主办方等）＋感谢用户＋提醒用户总结

（技巧点拨）

好的活动收尾应该条理清晰，且能起到一定的总结作用。感谢社群活动的参与者，能提升他们的参与感与凝聚力；点明活动中表现突出的用户，能使他们获得成就感。最好社群运营人员进行活动总结，或提醒用户及时总结。

10_ 需要借用户素材对外宣传，怎么说用户会爽快授权

普通说法　小伙伴你好，之前看到你的成果很棒，我们想把你的案例放到我们的宣传页上，你看方便吗？

进阶说法1　小伙伴你好，昨天看到你在群里报喜，真的太棒啦，为你高兴！

其实，很多同学跟你的情况很相似，但可能缺乏你的经验。我相信你的成果能够给他们一些帮助。我们有一个专门展示榜样学生与优秀成果的平台，如果你愿意的话，我可以隐去你的个人信息，对外展示你的优秀案例。

这样不仅能帮助更多人，还可能吸引到相关的人脉资源哦，如果有想认识你的人，我们都会一一引荐给你！

<u>进阶说法2</u>　×姐，刚刚看到你在群里"晒"自己坚持用我们的产品……（赞赏用户的改变）

我知道这不光是我们产品的效果，也归功于你长期的坚持与努力。

咱们都知道，还有很多姐妹在为××而苦恼，我们也想帮助更多的姐妹，而你的励志经历一定能鼓舞她们！你是否愿意将这些图片授权给我们在平台上发布呢？你放心，我们肯定会保护好你的隐私，不会泄露。

如果你愿意，我们会为你提供一份感谢大礼包，祝你以后越来越美。

话术公式	肯定成绩＋请求授权＋消除顾虑＋授权好处

技巧点拨

先肯定对方的成绩，同时告诉对方他的成果能够帮到更多人。另外，也要点明授权的好处有哪些。

同时要注意向用户承诺保护好用户的隐私，消除用户的顾虑。

11_ 想让用户参与社群管理，应该怎么说

普通说法 小伙伴们，我们最近有一些运营工作，大家可以参与。感兴趣的朋友可以联系我哦！

进阶说法 小伙伴们，非常感谢大家一直以来对我们社群的支持与厚爱！为了感谢大家，我们特意准备了一份特别的福利。

明天，我们将开启"我的社群我定义"活动，我们会招募10位伙伴加入运营团队，成为运营官。加入运营团队，不仅能帮助群里的家人们更好地参与社群活动，还可以学到一线运营技能，更有特殊的运营官福利哦！

招募：10位运营官。

招募范围：入群5个月以上的成员。

工作内容：参与社群运营……

福利：运营"大神"一对一指导，社群活动抢先体验，运营官红包……

仅限10位哦，感兴趣的朋友抓紧时间联系我。

技巧点拨

社群的"运营官""管理员"有一定的小特权。可以用特权吸引用户，让用户感到参与运营是一件值得的事。另外，可以限制招募范围，凸显机会的稀缺性；点明参与运营工作的好处，提升用户参与运营的动力。

第4章

社群公关：

让社群保持良好氛围

01_ 用户首次违反群规，怎么善意提示

普通说法　××（用户名），注意不要违反群规哦！

进阶说法　××（用户名），看到你这么快就融入群聊，在群里踊跃发言，我很开心！

但是为了构建良好的交流环境，发言要注意遵守群规。群规在公告栏，你看群规第×条（用户违反的群规），我们不提倡×××（用户的违规行为），请你理解。

我知道你还在逐渐熟悉社群，所以出现一些违规情况，可以理解。今后要留心一下哦，如果严重违规，是会被请出群的！

话术公式	正面肯定＋群规解析＋表示理解＋引导遵守

（技巧点拨）

用户第一次违反群规，只要犯的不是严重的错误，都应当给予改正的机会。可以肯定用户积极发言的热情，理解用户对群规还不熟悉，最后引导用户仔细查阅、理解群规，最终做到熟悉群规，不再违反。

02_ 将严重违规用户"踢"出群，怎么说能避免被投诉

普通说法

请遵守群内规则！我先请"搞事"的人出群冷静一下，避

免给其他人造成影响!

<u>进阶说法</u>　（私信违规用户）

××同学，你刚刚的行为已经严重违反我们的社群规定了。你可能有你的想法和目标，但现在我们不得已将你请出群。

我现在先请你出群，离开社群环境，我们也方便单独沟通，我想听听你的诉求，这样有利于这件事的解决。

如果你仍然希望进群，后续我们会看情况安排。

（群内）

刚刚发生的事情给大家造成了困扰，非常抱歉。我们已经将几位违规成员"抱"出群了，我们会进行深度沟通，解决问题!

后续大家如果遇到其他问题，或者有什么管理上的建议，也可以私信我们，我们会及时回复的。谢谢大家配合!

借今天的事件，再次向大家强调一下，为了社群的和谐，一定要遵守群规哦!

技巧点拨

面对严重违规行为，或其他棘手的社群危机公关事件，需要将相关人员与社群隔离开来，避免事态扩大。将危机的源头隔离开后，再一对一解决问题。同时，可以借事件再次强调群规，让规则深入人心。

03_ 误将用户"踢"出群，如何道歉挽回好感

普通说法 各位，不好意思啊，刚才以为那个群友在发小广告，所以不小心把他"抱"出群了！我现在就把他请回来，真的不好意思！

进阶说法

（第一步，联系被误"踢"的用户，取得原谅）

×哥，真的很不好意思，误把您请出群了！我们的运营人员没看仔细，以为您在群里发的图片是小广告。我们对广告很敏感，所以就这样仓促处理了，是我们工作太疏忽。为了补偿，这里有一张门店无门槛优惠券，赠送给您，希望您能原谅我们一次！

（第二步，将用户重新邀请进群）

群里的家人们，必须向你道歉。刚刚×哥在群里发图，被我们误会成发小广告，所以我们一时疏忽，将×哥请出了群。这是我们的工作失误，我们向×哥道歉，也向各位道歉！很感谢×哥愿意原谅我们，愿意重新进群。

我们今后会更加认真工作，杜绝此类失误。为表歉意，给大家发个红包。

话术公式	私聊用户，进行道歉＋社群公开道歉＋补偿

技巧点拨

社群运营中出现错误是一件非常正常的事情，要注意不要只想着压制负面消息，而要直面它、消解它，挽回自身形象，将"危

机"转化为"生机"。

误"踢"用户，要向被误"踢"的用户道歉，也要向社群全体用户道歉，并发放相应补偿，向所有人展现自己的诚意。

处理社群运营失误情况的原则

（1）提前制定社群规则，使社群活动有"法"可依。

（2）及时处理失误危机，防止负面情绪扩大。

（3）及时道歉，并进行补偿，让社群用户看到诚意。

（4）及时改正，后续跟进。向用户保证今后将杜绝此类失误，并在接下来的一段时间紧抓社群运营，维护社群形象。

04_ 用户提出不合理要求，怎么婉拒

普通说法　××宝贝，你提出的这个想法，其实不太合适，我们很难满足，不好意思哈。

进阶说法　非常感谢××小伙伴提出的想法，相信你也是对我们足够信任，才愿意毫无保留地说出自己的需求。

所以我们也真诚地回应你，根据咱们群的运营安排，这个需求暂时没办法满足，希望你能理解。

但你的建议我们会认真考虑，我们确实有可能在明年开设一个新社群，专门满足这类需求。你提出的想法，表明我们的决策做对了，我们不会辜负你们的期待！大家共同期待社群明年的升级迭代吧！

话术公式	表示肯定＋告知情况＋提出解决方案＋畅想未来

先肯定用户的建议，再告知其实际情况，最后提出解决方案和美好畅想。这样表达，既不会让用户失望，也不会过度承诺，有利于社群凝聚力的提升，让用户愿意长期留在社群中。

05_ 用户觉得群太吵，怎么处理

普通说法 宝贝，你可以把群设置为"消息免打扰"模式，这样就不会觉得吵了。

进阶说法 最近群聊确实很热闹，理解你被吵到的心情。

不过，小伙伴，是这样的，咱们群里的很多人事先认识，所以大家在群里交流就比较多，抱歉吵到你。

如果你暂时不想参与讨论，完全不要紧，你可以先把群设置为"消息免打扰"模式，我们会把重要内容整理好放在干货链接里，你需要的时候随时查看哦。当然，我们也很期待你花几分钟时间，和我们一起交流交流，相信你慢慢融入后，会感受到其中的乐趣！

话术公式	表示理解与歉意＋解释原因＋给出解决方案＋鼓励交流

首先，一定要向产生不满情绪的用户表达理解与歉意，安抚他们的情绪。接着可以解释群内高度活跃的原因，提供具体、贴心的解决方案，让用户没有后顾之忧。同时，也可以引导用户参与群聊。

06_ 用户误领红包，怎样提醒不会令其尴尬

普通说法　××（用户名），你把别人的红包领了，麻烦你重新发一个吧！

进阶说法　哎呀，果然财富是流动的，是需要传递的。刚刚××（用户 A）同学一不小心领取了 ××（用户 B）同学的红包。

这其实是一个互相认识的机会哟！　××（用户 A），你可以私信 ××（用户 B），给他发一个红包，你看，这就交到朋友啦。

话术公式	有趣金句＋情况说明＋引导交友

技巧点拨

误领红包固然是个意外，但意外行为也可以成为一个机会。从正面角度说明情况，一是给误领红包的用户面子，二是促进社群用户互动与沟通，化解紧张的氛围。

07_ 用户在群内争吵，怎么恢复和气

普通说法

不要再吵了，群里也是公共场合，大家都是成年人，都注意一点啊！

进阶说法

大家都冷静一下！

大家有不同的观点，非常正常，毕竟每个人的立场不同、角度不同。这其实也说明我们的群很有包容性，伙伴们都愿意思考，这是很好的。

但正常的交流一旦变成不理智的争吵，带给我们的就只有负面情绪，而不是有价值的想法了。

关于这件事，我也表达一下我的态度：鼓励讨论，也可以从更多维度看待，但情绪稳定时沟通效果更好！对别人进行人身攻击的话，管理员会将你"抱"出群哦！

话术公式	控制争吵局面 + 给予肯定 + 指出影响 + 引导倡议

（技巧点拨）

面对用户在群内争吵的恶劣情况，群内权威性人物需要第一时间发言表态，给予一些正面的肯定，稳定用户情绪；再控制场面，避免增加额外的风险；同时，引导大家思考，而不是单纯发泄情绪。

08_ 群内出现不良言论，怎么扭转话题方向

场景 1　出现负面言论

普通说法

不要总说负面的话，带着负面的情绪，大家要保持正能量啊！

进阶说法

刚刚看到群里一些伙伴的发言，理解大家在 ×× 方面的难处。如果大家还有一些想法不吐不快，可以找我私聊，我会认真听你倾诉。

我回想起大家刚进群时，一起喊出的那句口号：成为更好的自己！在群里的这些天，很多伙伴坚持学习，乐于分享，都在实现这个目标的路上不断努力。我相信大家会不忘初心，保持这样的价值观，携手前行！

话术公式	表示理解 + 邀请私聊 + 正面引导

技巧点拨

社群大了，有人情绪不好时在群里倾诉是很正常的，甚至可以说这正是用户对社群非常信赖的表现。面对负面言论，可以表示理解，再通过邀请私聊的方式，将负面内容转移到社群之外。这样既没有伤害用户的情绪，又能避免使社群的氛围变得沉重、消极。

场景 2　出现敏感内容

普通说法

注意不要聊敏感内容呀，遵守群聊规则哦。

进阶说法

● 大家对社会话题真的很感兴趣啊，但现在停一停，作为成年人，我们都知道一些话题的边界，注意不要越界了！

● 友情提示，群聊虽热闹，也不要忽视了群规则哦！如果有严重的违规情况，我们的管理员会处理的！

● 非常理解大家的心情，但我们也需要重视群规，太过激的内容，我刚刚已经撤回了，也请大家理解。群聊氛围大家一起维护哦。

（技巧点拨）

要注意，各大平台都对社群聊天内容的尺度有一定规定，涉及敏感信息，可能会导致社群被封。一定要快速中断对敏感内容的讨论。话术可以友善，但要简要、坚决，搬出群规则与法律法规，告知用户越界的后果。

面对不良言论，可以适当地使用撤回聊天内容、禁言、"踢"出群等系统功能，让社群交流尽可能积极、正面。

场景 3　出现低质量"刷屏"内容

普通说法

我们要注重群内交流的质量，一直发一样的内容，大家都不会喜欢的。

进阶说法

看来大家非常喜欢这个话题，反响很热烈啊，满屏都是大家的好评。不过我留意到一些内容高度重复了，注意不要过度"刷屏"，影响群友们正常交流哦！

大家可以有条理地分享喜欢 ×× 的具体原因，表达自己的喜爱，这样也可以给不了解相关话题的朋友启发，下次或许能吸引更多人参与讨论！

话术公式	给予肯定＋阻止"刷屏"＋引导有序讨论

技巧点拨

大多数现象可以用正向视角看待。社群用户在群里就某个话题"刷屏"，意味着他正处于高度兴奋的状态，这一点是可以给予肯定的。接着要点出过度"刷屏"的坏处，让"刷屏"者冷静下来。最后，引导用户发表有价值的内容，让群聊更有营养、更多样化。

09_ 用户抱怨群主偏心，怎么解决

普通说法　其实群主真的不是偏袒谁，也不是针对谁。大家都是我的朋友，我怎么会厚此薄彼呢？

进阶说法　今天我收到一个群友的反馈，说在 ××（简单概括事件）这件事上，他感受到了我的偏爱。

其实，我给群里每一个伙伴都设置了专属编号，将大家牢

牢记在心里。每个人对我都有不同的意义。我总想着多多夸奖、帮助、宠爱你们，但有时表达喜爱的方式不一样，没有将我的"爱意"传达到一些群友那里去，对此我很抱歉！但相信我，对每一个人，我都一样尊重与喜欢。

把大家聚在一起，是希望本群能成为大家生活和工作之余小憩的港湾，我自己也会不断学习、进步，助力大家生活得越来越好，让每一个人都开心！

话术公式	说明情况＋解释原因＋表达歉意与爱意＋承诺改善

技巧点拨

社群中可能会发生各种各样的事，群主处理时很难做到百分之百的公平公正。但面对用户不满的情绪，群主还是需要真诚地表达歉意，同时一定点明自己对所有用户都是重视的、爱护的。最后做出承诺，保证让每一位用户愉快、开心。

10_ 用户不停加好友，如何有效处理

场景1 社群提倡有序加好友

普通说法 有些人一进群就不停地申请添加别人为好友，这是对别人的打扰，请不要随随便便加人！

进阶说法 刚刚有群友私信问我，如果有人不停发送好友申请，是否要通过。我提醒大家：谨慎加人，拒绝骚扰！

家人们，大家可以想一下，在现实生活中，假如有人不停敲你的门，让你开门，你会开吗？同样，假如你不停敲他人的门，礼貌吗？我已经找到那个不停加他人的群友，对他提出了批评。

提前打招呼，告知来意，尊重对方意愿才是健康的交往方式。我们欢迎大家互相交流，但我们不欢迎骚扰，也不欢迎别有用心的人利用社群进行推销、引流甚至诈骗。

如果有人毫无理由地不断申请加你为好友，你可以告诉我。让我们一起维护群内的安全与和谐氛围。

话术公式	情况说明＋批评教育＋引导正常交友

（技巧点拨）

"假如有人不停敲你的门，让你开门，你会开吗？"用这样的场景引导用户思考，比直接指出行为、进行批评警告更容易使用户接受。同时群主也要表明立场和态度，让大家知道社群交往的界限。

场景2 社群不允许私下加好友

普通说法

不要私下加他人为好友，不要轻易通过陌生人的好友申请，不要违反群规哦！

进阶说法

（对被加用户）

小伙伴你好，谢谢你的反馈呀！有些群友太过热情，但方法不得当，打扰了你，实在抱歉。我稍后会和他沟通，避免再出现这样的情况！

另外，我们也郑重说明一下，我们鼓励社群内的友善交流，但不提倡私下加好友，严重违规者会被请出群。

注意隐私保护与安全，大家一起配合，才能让社群氛围变得更好！

（对加人用户）

××（用户名），我留意到你经常私下加好友，请注意我们社群是不提倡私下加好友的哦！

理解你想要交友的心情，但现在群里人太多，私下加好友会有一定风险，我们都不希望有隐私泄露或者更坏的情况发生。还请你理解呀。

 **技巧点拨**

部分社群有严格的规定，不提倡甚至明令禁止私下加好友，这主要是出于保护用户隐私、防止诈骗的考虑。在这样的情况下，话术可以坚决、严肃一些，同时也注意引导用户理解支持。

11_ 核心用户打算退群，如何挽留

普通说法　××，大家都在群里相处那么久了，也一起"作战"了这么多次，我们还可以共同成长、共同前进，留下来吧！

进阶说法　××，知道你想走的时候，我真的很惊讶。

能在群里和你成为好朋友，真的是很深的缘分。3年前你加入这个群，发言活跃，非常支持我们的工作，我们都很感激你，也感谢你愿意成为我们的社群运营官。

这3年来，我们一起经历了大大小小的项目，参与了好多社群活动，踩过了不少坑，也做出了非常好的成绩……很荣幸能跟你一起见证彼此的成长。

明年社群的整体规划会有很大的变化，如果达成，社群将迎来质的飞跃。非常期待和你一起为之奋斗，见证我们下一个不一样的3年。当然，如果你有其他的安排和选择，我们也尊重你自己的想法，选择权交给你！

技巧点拨

用过往的回忆引导核心用户追忆往事，用未来的规划让核心用户产生期待与希望。同时，也给予对方选择权与尊重。这样做，不管是否能挽留核心用户，都不会失去这个优秀的朋友，也方便后续再进行交流。

第 5 章

社群增长：

持续为社群拉新的
裂变秘诀

01_14 种方法让社群裂变，吸引新用户不用愁

方法 1 **分销裂变**

提供直接的现金奖励，通过分销收益实时到账的方式，推动用户主动分享社群，从而实现裂变拉新。

推荐说法 群主我又想给你们塞红包了！我们的社群宣传活动即将开始，将社群分享给 ×× 人 / 分享到 ×× 平台的小伙伴，奖金领不停！

(技巧点拨)

将活动奖金说成红包，会淡化活动的商业性质，让活动更容易被用户接受。不断看到零钱入账的提示，多数人都会产生分享社群信息的强烈冲动。

方法 2 **任务裂变**

提供物质奖励，通过完成任务可获得相应奖励的活动方式，推动用户参与活动、分享社群信息。

推荐说法 我们最近又拿到一批有趣的小礼物（展示实物照片），想找个机会送给群友们。本来我们群主想送给老成员，但怕其他人拿不到，现在，只要将我们社群的信息发到朋友圈并保留 × 小时 / 分享到 × 个群，或邀请 × 位好友进群，就可以获得这份礼物！

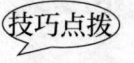

利用话术将裂变活动说成"送礼物给大家"。同时，向用户传送"本来只想给××，但想让所有人都有机会拿到"的意思，让用户更有参与的积极性。

方法 3　组队裂变

通过组队比赛的方式，推动各个团队的成员主动分享社群信息。具体做法是，社群运营人员先从社群用户中招募队长；确定队长人选后，由队长自行招募队员；社群制定目标，让所有团队竞争。

推荐说法　想来一场激动人心的大比拼吗？××活动（活动名称）即将拉开序幕！我们将在社群用户中招募小队长，由小队长寻找队员。随后，每名队员都要和自己的小队一起在朋友圈等大平台宣传我们的社群，宣传量最大的小队成员将获得我们的神秘礼物！

技巧点拨

竞争需要激情。巧妙用话术点燃用户的竞争激情，从精神上和物质上给他们参与裂变活动的动力。

方法 4　"冲榜"裂变

通过设置排行榜，吸引用户"冲榜"，推动用户主动分享社群信息。与组队裂变类似，"冲榜"裂变主要利用榜单排名来激发用户的比拼精神。这种方法一般会与分销裂变结合使用，有时候也会与组队裂变结合使用。

推荐说法　感谢大家一直以来对我们××群的支持！超好玩的排行榜活动，即将激情上线！参与活动的用户需要在各大平台进行社群宣传，点赞越多，越有机会站在榜单的顶峰，快快动起你的手指，秀出你的宣传文案！让我们一起创造排行榜奇迹！

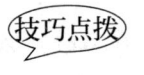

同样是激发用户参与竞争，"冲榜"裂变的要点是创造激情四射、"王者争霸"的氛围。

方法5　现场裂变

通过在线下活动中为表现突出的用户颁发奖杯、证书等，推动用户主动分享社群信息，从而实现裂变拉新。

推荐说法　××训练营的伙伴们，很荣幸和大家相处这么多天。我们的训练营即将结课，有没有人和我一样感到不舍？我们接下来的"心连心"活动一定能给你们惊喜！将我们训练营的介绍／活动照片／海报发布在朋友圈／公众号／其他平台，获得最高点赞量／阅读量／转发量的同学，将会得到一份专属的训练营纪念奖品！

技巧点拨

这种方法适用于教育培训、知识付费等行业的线下活动，并且一般在课程即将结束时使用。此时，经过长时间学习的用户已经对机构较为认可，活动的开展通常比较顺利。

方法6 内容裂变

通过持续输出垂直、高质量的内容，吸引用户分享，从而实现裂变拉新。此方法适用于内容类账号，比如知乎、微信公众号、抖音、快手、微信视频号、哔哩哔哩（B站）等平台的账号。

推荐说法 看完视频（或文章、图片等），别急着走呀！对今天的内容感兴趣，想获得更多相关资料的朋友，可以关注我们的微信公众号，也可以加入我们的独家粉丝群，和我一对一聊天！

（技巧点拨）

通过内容进行宣传裂变的话术，最好放在内容的结尾，让看完精彩内容意犹未尽的用户心动并进群。

方法7 口碑裂变

通过维护好老用户、老粉丝，并提供超出预期的服务，推动他们主动分享社群信息，从而实现裂变拉新。此方法适合实施会员制的社群。

推荐说法 ××（老用户的名字），你一直在群里积极发言、帮助新成员，我也从你身上学到了很多。群里有一位你这样的成员真是我们的幸运！为表示感谢，我们特意为你准备了一份老成员专属礼物，希望你以后能继续活跃在群里，给新来的朋友以启发。我也非常期待看见你将自己的金句传播给更多人！

（技巧点拨）

在社群中"点名"或者私聊，都能给老用户以良好体验，让他感觉自己是独一无二的。同时强调老用户在群里的分量，让他们产生"老带新"的欲望。

方法8　地推裂变

通过在线下发放合适的礼品，提供合适的福利，让用户扫码加群，从而实现裂变拉新。这种方法适用于店家粉丝群和团购社群等。

推荐说法　奶茶一杯不贵，加群更优惠！加入店长粉丝群的宝贝，全场奶茶一律优惠3元，还能获得店长的"宠粉"红包！带一个好闺蜜、好朋友加群的，还能拿到门店的专属明信片。

（技巧点拨）

使用地推裂变方法时要注意场地和人群的选择。风格新潮、年轻人多的社群选择高校附近，团购、抢菜的社群选择居民区附近。同时，引导用户拉好友加群的门槛要设置得合理，要求用户拉一两个好友进群即可，不然用户可能会因为难以实现而放弃。

方法 9 "拼团"裂变

利用 2 人、3 人、5 人成团可获得相应优惠力度的方式，刺激用户主动分享社群信息拼团，从而实现裂变拉新，比如拼多多、淘特、快手等相关社群，都经常使用"拼团"活动进行裂变。

推荐说法 人生中，你曾经为谁拼尽全力吗？你曾经为梦想拼搏奋斗吗？你曾经为谁下载过 ××（App 名称）吗？2 人就可成团，带好友一起拼好货啦！

技巧点拨

尽管"砍一刀""拼团"类的活动已经屡见不鲜，但它仍然非常好用。注意用有趣、委婉的语言化解用户对"拼团"活动的厌倦。

方法 10 比赛裂变

通过举办各类投票比赛，让用户主动分享、拉票求赞，从而实现裂变拉新。这种方法常用来给公众号"涨粉"，比如各种教育类账号会发起一些投票，引导家长将账号内容转发到朋友圈邀请亲友为孩子投票。

推荐说法 1 投票有重赏，大家快来抢。上至九十九，下到小朋友。每天有三票，不要浪费掉！

推荐说法 2 希望大家每晚的这个时刻都能做到"三省吾身"。今天你变得更博学了吗？今天你变得更勇敢了吗？今天你给 ×× 号投票了吗？假如前两条你没做到的话，第三条还是很容易的！

技巧点拨

在社群中开展投票拉票活动，设置诱人的奖励，同时在活动页面插入社群信息。社群用户为了拉票将活动页面传播出去时，社群也就得到了宣传。

方法 11 积分裂变

利用分享即可获得一定积分奖励（积分可用来兑换礼品）的方式，吸引用户主动分享社群信息。这种方法适合各类 App 用户社群，用户每天都可通过分享资讯、帖子等来获取积分，积分可兑换实物 / 服务等礼品。

推荐说法 几场秋雨带来秋天的气息，也带来桂花飘香的中秋节！群主已经吃到老家的月饼了，小伙伴们中秋节都有什么安排呢？将社群的中秋海报分享到朋友圈，并附上你的中秋安排，就能获得相应的分享积分，积分可以用来在我们的积分商城兑换商品哦！

技巧点拨

积分活动与其他活动不同的地方在于，只要参与就会收获积分，因此用户参与的积极性会更高一些。注意要精心设计用户分享的内容，争取使其传播范围更加广泛。

方法 12 打卡裂变

通过让用户参与打卡活动，在朋友圈"晒"出打卡成就，从而吸引新用户。这种方法适合所有与学习相关的社群。

推荐说法　一分耕耘，一分收获。

亲爱的家长和宝贝们，我们的第三期"21天好习惯养成"打卡开始啦！

小坚持撬动大梦想，今日的坚持就是在为明日的成功做铺垫。即日起，坚持将练习照片发布在朋友圈进行打卡，并截图发送到班级群，满21天的宝贝，将获得门店特别积分卡！另外，21天中每周都会有阶段性奖励哦。

技巧点拨

用户坚持打卡，就意味着社群的不断传播。因此，鼓励用户持续打卡很有必要。

方法 13　工具裂变

通过提供高频使用的免费工具，实现裂变拉新。这种方法适合工具型 App 的相关社群。

推荐说法　宝贝们，我又发现了一个宝藏小程序！×××（工具名），不仅能一键生成朋友圈文案，还能"吟诗作对"！将我们的海报分享到朋友圈，我们将会持续为你寻找更多好用的小程序、小工具。

技巧点拨

为用户提供实用小工具是为了传播社群信息，因此工具要易于传播，同时可以搭配相应海报。

方法 14　联合裂变

与周边商家合作，共同实现裂变拉新。这种方法适合处于同一商圈的商家，比如，某商圈的教育机构联合起来，每家机构提供一些福利，组成极具吸引力的超值进群/拉新大礼包，每家机构都能裂变新用户。

推荐说法　一个二维码，藏着 14 家训练营的 VIP？还有这样的好事？今天，"14+ 联合礼包"上线了！只要扫码，就能进入 14 个在线训练营的学习社群，体验训练营课程！现在将宣传文案转发到朋友圈，还能获得独家课程体验资格！

（技巧点拨）

联合裂变的关键点在于能否联合数量足够的商家，并提供优质的福利。同时，话术中要重点强调福利数量多、力度大，激发用户进群的欲望。

02_ 使用不同方法，激励老用户裂变拉新

方法 1　福利赠送法

推荐说法 1　×× 同学，我发现你学得很快，已经赶超这一期很多人啦。眼看初级内容就要学完了，真替你高兴，你肯定掌握了不少新技能。

你这么厉害，身边会不会有好朋友羡慕你？可以向他们推送我的名片，我一定给你的朋友详细介绍，多送一些优惠，必

须得给足你面子！

由于你学得很快，我送你一门中级课程，祝你更上一层楼，赶超身边的人。感谢你一直以来对我的支持。

推荐说法2　社群专享福利来啦！！"周三开心日"就等你来。

老用户每人可领最低【10元】代金券！邀请朋友进群，代金券直接膨胀×倍。　↓点击下方链接立即领取↓

推荐说法3　周三会员日，来店做皮肤护理，满200元减20元。带朋友一起来，怕她等得累？别担心，朋友在等待时可免费体验价值199元的皮肤检测服务，还能获得一套价值59元的护肤小样！

推荐说法4　周三会员日，优惠券大放送（5~100元）！邀请朋友来参与，可获得额度更大的优惠券。每邀请一位朋友，优惠券额度增加2元！

（技巧点拨）

送福利是老用户裂变拉新的常用方法。设置福利时，要让用户感觉稍加努力就可以实现目标，否则很多老用户会望而却步。

方法2　抢先体验法

推荐说法　最近一直在群里和您交流，我发现和您特别聊得来。

这不，最近我们公司又推出了新产品，我第一时间就想到给您试用一下。您要是觉得我们这款产品还不错，可以推荐给您身边的朋友试试看，我给您准备一些试用品。

而且我们现在还有回馈老用户的活动，只要您多向几个朋友推荐推荐，让她们来我这里咨询，我就能帮您延长门店会员期限！另外，以后公司的其他福利，我都提前告诉你。

(技巧点拨)

大部分人都希望自己得到重视。给予老用户"抢先体验""尊享资格"等特殊的福利待遇，能小小地满足老用户的"特权"心理，从而使他们产生作为"老资格"的责任感，更愿意参与老带新活动。

另外，与老用户交流时，尽量使用亲切的、朋友般的语言，避免让用户觉得你眼里只有生意，没有朋友。

方法3 真诚交流法

推荐说法 最近总有人告诉我，好多人在各种渠道卖视频号运营的课，收费还不低，至少 599 元。

可是，他们卖的大部分是我讲课的视频！！资料还是我免费送给老学员的 PPT！！与其让他们"割韭菜"，不如我主动带大家赚钱！

我做了一门课，包括视频号基础、内容运营、商业变现、行业应用 4 部分内容，讲透视频号玩法。一共 130 节视频课，我只卖 199 元！

我们小店的老用户，如果将这门课分享给朋友，朋友成功报名，就可以拿到 70% 的分销佣金！

不是自夸，我的课口碑一直"在线"，大家可以放心学习和推荐。大家分享视频号正版好课，还能赚点小钱开心一下。

想一起学视频号运营，顺便赚小钱，点击这里报名↓

（附上店铺或页面链接）

想知道如何分销或想咨询其他问题，可以在群里问我们的运营官。

（技巧点拨）

社群是私域，社群用户与社群运营人员的距离非常近。在这样的环境下，社群运营人员采用直白、坦诚的话术，像知心人一样为用户解析套路，能快速赢得用户的信赖与好感。此时，鼓励老用户拉新会容易一些。

03_ 如何让用户积极扩散社群信息

场景1 引导用户扩散加群邀请函/海报

普通说法　送您一份社群邀请函，把邀请函发到朋友圈后截图告诉我，就邀请您进群哦。

进阶说法　恭喜您成功加入×××（社群名称），我们的大家庭因为您的加入而不同！期待未来我们一起见证更多可能。

我们会从下周开始陆陆续续邀约新成员。

欢迎将我们社群的邀请函/海报发到朋友圈，看看会不会有和您一样有眼光的人选择来到这里。朋友进群，互相照应，也是好事一桩。

想要写"晒圈"文案的灵感吗？回复【1】，发您几个参考文案！

话术公式	欢迎用户加群 + 介绍邀请活动 + 提供帮助

(技巧点拨)

强迫用户只有发朋友圈才能进群，很可能使用户反感，不仅不想帮你扩散，而且用户自己也不愿进群了。热情地邀请用户进群，再给用户一个"晒圈"的理由，并且为用户"晒圈"提供必要的帮助，用户才更愿意参与活动。

场景2　引导用户扩散群内的好消息

<u>普通说法</u>　哇，××（用户的名称），取得这么好的成绩（或者获得参加某个活动的资格，抢到红包等），不发朋友圈"晒晒"吗？

<u>进阶说法</u>　真替你开心，取得了这么好的成绩！关心你的人要是知道了一定非常高兴。趁这个机会发朋友圈呀，让关心和喜欢你的人见证你的收获，也一起沾沾好运呀。

不要不好意思，不要觉得这种小事不足以炫耀，这是你努力的结果，发个朋友圈兴许还能有更多意外的惊喜呢！

话术公式	祝贺话术 + "发圈"好处 + 打消顾虑

技巧点拨

用户将自己的好消息发在朋友圈，确实会有"炫耀"的感觉，但直接让用户这么做，会让用户感到不好意思。将话术改为"让他人见证你的收获"，更容易引导用户发朋友圈。

场景3 引导用户扩散社群内的打卡内容

普通说法 坚持打卡是一件很难的事情，给你一点鼓励：把群内打卡的内容发到朋友圈，坚持 60 天，就送你一份小礼物！

进阶说法 ××（用户名称），看到你的打卡内容啦，做得好认真，真厉害，我学到了很多！这么好的内容要是分享到朋友圈，让你的好友们看到就好了，他们肯定会觉得很有收获，在心里为你竖起大拇指的！坚持分享下去，用你的成长速度吓他们一跳！

对了，连续分享 60 天后，记得来找我，就冲你的这份坚持，我也要送上一份小礼物～

话术公式	夸奖话术 + "发圈"好处 + 提供礼物

技巧点拨

不要对用户说"坚持打卡很困难"之类的话，这些话会成为他们无法完成打卡的心理暗示。选择使用更积极、友善、鼓舞人心的话术，比如夸夸用户，这样会让用户更有动力打卡。最后，给予用户一定的奖励，使"分享就有好处"深入人心。

场景 4 引导用户扩散群内资料

普通说法 平时群内的资料是我收集的，其中不少内容必须付费才能拿到，这次给你一个福利，你可以把这些资料发给身边的人，注意只能分享给一个人哦。

进阶说法 最近很多人问我关于如何活跃微信群气氛、如何管理微信群等问题，所以我干脆花一周时间收集了关于销售、直播、社群的资料和案例，还对案例进行了拆解，整理成了一份超详细的资料合集！

虽然整理资料很辛苦，但我还是想给群里的家人一点力所能及的帮助。我也悄悄发你们一份，希望能给你们提供参考和帮助。如果你们身边有销售人员、社群运营者，也可以分享给他们，大家一起少走弯路，实现突破与飞跃！你们身边的人一定也会感谢你们分享这么多干货。

话术公式	介绍背景＋强调自己的辛苦＋介绍资料内容＋提供福利＋引导分享

（技巧点拨）

"只能分享给一个人"的说法设置了限制，用户也许反而不会领情。可以强调自己收集资料不容易、资料内容丰富，让用户理解转发分享是助人为乐的行为。

04_ 想让用户主动在朋友圈宣传社群，应该怎样引导

<u>普通说法</u> 家人们，记得多多在朋友圈里分享我们社群的信息哦！

（直接要求用户宣传，往往缺乏说服力）

方法1 点名感谢分享者

<u>进阶说法</u> 我说怎么今天这么多宝贝加群呢，原来是××同学在自己的朋友圈推荐了我们群！（发送朋友圈截图）

今天的快乐和惊喜都是××同学带来的，为了表示感谢，我也为他准备了一份小礼物。（发送礼物截图）

当然，我们这个小小的群走到今天，也得谢谢各位伙伴支持和信任。相聚在一个群里就是缘分，大家的认可是我们整个团队得到的最大的荣誉。我们还有很多小礼物，送给每一个愿意推荐我们群的伙伴！

话术公式	感谢主动宣传的用户 + 提供奖励 + 引导更多用户分享

（技巧点拨）

人情做足，利益引导。想让用户自愿、主动地宣传社群，平时就要通过活动让用户有参与感、获得感，让用户真心欣赏社群。

可以安排团队成员在朋友圈发布社群宣传文案，再以它作为切入点，在社群中点名感谢分享此文案的用户，让其他用户看到社群的诚意及主动宣传的好处。

方法2　人人都是社群创作者

进阶说法　咱们的群里已经有这么多小伙伴，大家也一起度过了许多时光，有很多美好的回忆。我们开通了社群征文投稿平台（话题墙／表白墙等），征集大家对在社群这段时间的感想与感悟，希望能为大家提供一个自由倾诉、表达的平台。

【投稿内容】在本社群的任何收获、感想。

【投稿字数】不限。

【投稿时间】长期有效。

所有优秀稿件的作者都会获得我们的奖励。请记得将你的作品分享到朋友圈，让更多的朋友一起见证你的收获！

（技巧点拨）

社群为用户提供内容创作平台，能激发他们倾诉的欲望。当他们创作完成后，会产生高度的参与感和强烈的分享欲，更乐于将内容分享到朋友圈等公开的平台。当创作形成热潮，还可以设置更加深入的话题，使社群用户的情感联结越来越紧。

05_ 裂变活动太麻烦，怎么化解用户的抵触情绪

普通说法

活动步骤不算多，而且能拿到这么多好东西呀。

进阶说法

群里的朋友们，我非常理解你们的心情。这个活动的步骤，

我自己看着都觉得多。你们要是觉得烦，可以在群里发发牢骚，我都听着。

其实群主也想把礼物直接塞进你们手里，这样多省事啊，可是平台规则不允许呀。

为了规避被误判为诈骗、诱导的风险，我们只好设置了一些步骤，避免被平台处罚。不然一不小心，咱们的小群没有了，岂不是"捡了芝麻，丢了西瓜"。

我们做活动，最乐意看到的其实就是你们的陪伴、你们的支持。所以这次活动结束后，我们会多在群里发红包，回馈大家。以后争取在平台规则允许的情况下，安排能让大家都玩得轻松的活动！

话术公式	表示理解＋解释原因、获得体谅＋提供补偿

技巧点拨

裂变活动可能需要用户完成转发、"晒"朋友圈、集赞等任务。一套流程下来，用户感到厌烦是非常正常的。

此时切忌否认用户的负面情绪，而是要站在他们的立场，理解他们，并进行安抚，最好还能提供看得见的补偿。

06_ 裂变活动结束后，怎么说能留住刚来的用户

普通说法 求求大家别退群，我们想完成运营团队的 KPI，而且后面还有更多福利送给大家！

方法1 福利"轰炸"法

进阶说法 欢迎爱阅读的新朋友加入。

新来的朋友们，恭喜你们正好赶上今天的读书日特别活动，4 月 23 日（今晚）19 点，我们将和 12 位作者连麦直播，写作技巧与心得干货无限畅听！

还有更多福利！

福利一：价值 199 元的高效学习 PPT 合集（持续更新）。点击下方链接立即领取！

福利二：4 月 25 日中午 12 点群内开奖！>>> 马上点击链接参与抽奖

福利三：活动期间群内随机发现金红包，还有各种爆款好课等你抢！

（听说新来的朋友中奖概率可能更大哦）

话术公式	欢迎词 + "恰好今天有活动" + 更多福利

技巧点拨

直接求用户留下会影响我们在用户心目中的形象，有时也不管用。直接为新来的用户提供惊喜福利，特别是当天就能得到的福利，可以让新用户产生期待，留在群中。

方法 2 老用户留人法

进阶说法 欢迎新朋友，看到新面孔，我们都非常高兴！群里的老朋友们也活跃一下，"认领"自己邀请来的小伙伴吧！请老用户向我们介绍自己邀请来的新朋友，请新朋友聊一聊自己为什么会被我们社群吸引。活动时间持续到×××，群主会选择一对"最佳拍档"，送上今天的幸运红包。

未来群里会有干货分享、专家连线、超级优惠放送等特色活动。祝福你们的友谊天长地久，也希望你们能在我们群里获得更多有趣的体验！

话术公式	欢迎词＋"认领"活动＋提供奖励＋福利预告＋祝福语

技巧点拨

通过裂变活动进群的用户大多是由老用户发展的，此时可以设计一个"认领"活动，加强老用户和新用户之间的联系，让新用户不好意思离开。

第6章

社群成交：

让运营社群有回报

01_ 产品信息直观介绍，让用户瞬间心动

方法 1　直观展示法

　　普通说法　大家可以看看群里发的图片，图片很直观地呈现了我们的产品，产品质量都是能保证的。需要的朋友可以直接拍！

　　进阶说法　（展示视频）刚刚给大家展示的视频里，跟随镜头，大家可以看到我们机构的设施。那些特别精密的设备，都是我们从欧洲进口的，你看，外壳都是崭新的！还有视频里出现的"白大褂"，那都是我们的专业技师哦。

　　（展示图片）这里还有更多细节，大家可以点击"查看原图"仔细看哦。还有什么想了解的大家也可以直接在群里问。

　　…………

话术公式	发送视频＋解释视频＋发送图片＋解释图片＋产品／服务宣传

技巧点拨

　　社群往往依托于互联网，而互联网上的各种媒体就成了我们展示产品的快捷工具。在社群中发布精心准备的视频、图片、音频、网站、H5页面、小程序等都可以直观展示产品的外观、细节、使用方法、使用效果等。采取此方法需要提前准备好相应素材，其中要有清晰易懂的说明文字。

方法2　场景代入法

普通说法　这款产品什么场景都适用，真心推荐给群友们！

进阶说法　群主：又到了聊天时间。最近天气好热，不知道大家夏天都喜欢做些什么呢？踊跃讨论，有惊喜哦！

社群用户 A： 天气热就要吃雪糕。

社群用户 B： 夏天傍晚散步很舒服！

社群用户 C： 说到夏天，当然要去海边游泳啊。

群主： （社群用户）C 简直是我的知己啊！夏天一到，我就特别想去海边吹吹海风，穿上漂亮的泳衣在碧蓝的大海里游泳，实在太美好了。最近我们上架了一批时尚泳衣，各种款式都有，材质也特别好。拿上一件，你就是沙滩上一道风景线！

话术公式	用特定的场景开启话题＋鼓励讨论＋引出产品/服务

技巧点拨

社群的私密性有利于社群用户之间密切沟通与交流。想推出产品时，社群运营人员可以给大家描述一个生活场景，引导社群用户进行交流，同时密切关注聊天内容，找准机会引入产品。深度参与讨论的用户往往会代入场景，更容易接受产品。

方法3　优势演示法

普通说法　大家可以看到，我们这款剃须刀真的很耐用，充一次电可以用很久，而且还防水！可以放心购入！

进阶说法　这款剃须刀是我们家的王牌产品，充电 1 小时可以使用 3 个月！你们别不信啊，群主我自己就用了很久，之前还在朋友圈发过这款剃须刀的使用感想，是真心推荐。（展示朋友圈截图）

而且机身材料是防水的，再也不用担心清洗问题。另外，这款剃须刀的外观是知名设计师设计的，送人很有面子哟！群里好几个大哥购买了这款产品，他们都说用着很舒服 @ 社群用户 A @ 社群用户 B

话不多说，信我的、喜欢的可以直接拍。

话术公式	核心卖点 + 提供证明（自证）+ 其他卖点 + 提供证明（他证）

技巧点拨

展示核心卖点，可以使用数字、图片、亲身体验等为核心卖点作为证明，加强可信度。

方法 4　直击痛点法

<u>普通说法</u>　群里的姐妹有小肚子吗？我们最近新上的连衣裙十分适合你们。

<u>进阶说法</u>　群主：（展示模特穿连衣裙的图片）给大家看我们新到的连衣裙，你们猜猜我们模特有多少斤？

社群用户 A： 100 斤不到吧？

群主： 哈哈，我们模特看到你说的话肯定特别开心。其实她有 120 斤，平时穿衣服，小肚子总是很明显，穿紧身的衣服难受，穿宽松的衣服又不好看。我想群里的姐妹可能也遇到过这个问题吧。其实好多人有小肚子，但不见得都有一条合身、显瘦的连衣裙。现在就把这款新上架的超显瘦神仙裙子推荐给你们！看这独特的收腰设计，腰线也有特殊工艺，保证不显肉肉，而且面料非常有垂坠感，摸起来非常舒服。

点击下方链接直达购物车，还可以领取群员专属优惠券！

话术公式	话题引导＋突出痛点＋引入产品＋优惠福利

技巧点拨

直接询问社群用户的痛点，如果把握不好分寸，会让用户感到难堪。要击中用户痛点，可以寻找其他案例，让为有相同问题而苦恼的用户感到"自己不是一个人"。

方法5 故事渲染法

普通说法 这1000斤沉甸甸的梨子背后，是一个老农起早贪黑卖梨子供孩子上大学的故事。伙伴们，为这位勤劳的父亲点赞啊！

进阶说法 大家知道1000斤梨子要花多长时间才能卖完吗？正常情况下，在我们这个"十八线"小城市，需要连续一个月每天早上7点到晚上10点出摊儿才能卖完。可是这一次，王叔叔为了给马上要上大学的女儿筹钱，想了很久才开口找到我们来帮他在线上卖梨。我也希望帮上他的忙！所以，这一次我想借助大家的力量来完成团购。这些梨子都是王叔叔自己种的，水分足，滋味儿甜，个头大，口感脆，比一般水果店里的还要好！

不管你买一斤还是一个，甚至你自己不需要，只是转发给亲友，都是在向王叔叔和他的女儿伸出援手！我们不仅仅是买梨子，还是点燃一个女孩儿走向光明未来的希望。

话术公式	抛出问题+引入故事、渲染情感+介绍产品+情感动员

技巧点拨

讲好产品故事，赢得用户信任。讲故事前可以先抛出问题，将用户带入故事的背景。好故事是能引发共鸣、调动情绪的，能鼓励用户为情感消费。使用此方法时，注意不要编故事，否则一旦被发现，会适得其反。

02_ 找对方法，快速刺激用户产生购买欲望

方法1 身临其境宣传法

推荐说法 **群主：**（发送市场的照片）瞧瞧我发现了什么，食材上新了！！最近我们这里的市场进了很多新鲜的食材，蔬菜、水果、海鲜，什么都有，我都看花眼了！你们想团购什么，提前说一下，我去市场给你们找找合适的商家，可以要到超划算的团购价。（发送食材照片）

社群用户A: 有没有鸭肉和羊肉卷？

社群用户B: 有没有牛腱子肉？

社群用户C: 想要点儿虾。

......

群主：收到收到，我给你们看看！今天我们群友真的好积极，看得出来大家都眼馋这里的新鲜食材了哈！还有要"上车"的吗？再来几位，我要出发给你们团购了！

话术公式	发送图片＋场景/产品/服务描述＋说明福利＋号召购买

技巧点拨

"晒"出产品的场景图、使用图及服务现场图，让用户身临其境，同时被优惠吸引，产生购买欲望。

方法2　接龙限购刺激法

推荐说法　（发照片）给大家看看，羊肉卷、牛肉卷品质都很好，这次我们一起团购羊肉卷吧。这个特别适合下火锅，天气冷的时候叫上家人朋友来顿火锅，把羊肉卷一涮，美滋滋啊！

不过这家店的老板说只能订购60份，想要的朋友先接龙，接龙才能拿哈。还犹豫的先不要点了。

羊肉卷60元一箱，每箱都是3斤重。

接龙：羊肉卷1箱。

这次大家可以先买一箱试试，如果口感不错，我们再开团，这样一直都能吃上新鲜的肉，也不用占冰箱的空间。如果家里人少吃不完一箱，可以和群友一起拼一箱！

话术公式	展示产品＋场景／痛点渲染＋价格与成团要求＋接龙限购

（技巧点拨）

在社群里介绍和推广产品时，总有人会犹豫不决。这时先直击痛点、用场景代入、展示产品质量等，强调购买产品的好处，再利用产品限购、先到先得的方式让用户感到急迫，从而带动更多人购买。

03_ 新品上架全流程，"引爆"用户消费热情

普通说法

我们最近准备了新品，欢迎大家来购买！

进阶说法

① "晒"日常，唠家常

家人们，下午好哇。最近在研究怎么用鸡肉做酱料，因为身边有朋友要减肥，不想吃高盐高油的食物，但是又不知道能吃什么。我为他研究了一款健健康康的酱！

（晒图）

蔬菜蘸鸡肉酱，是不是很健康、开胃？

② "晒"产品用法

今天做了番茄鸡肉酱。

今天用一瓶鸡肉酱做了茄子。

......

③征求意见，宣布新品

我想向大家征求一下意见，我用鸡胸肉和花菇做了一种酱，叫什么名字好呢？

- 鸡肉酱
- 花菇鸡肉酱
- 鸡胸肉酱
- 花菇鸡胸酱
- 鸡肉多多酱

......

除了上面的选项，大家也可以把想法发在群里啊。

④寻找试用员

最近我研制的新酱"花菇鸡肉酱"出品已经很稳定了，也找了不少美食界的朋友品鉴过，他们都觉得口味不错。但对于新品，我始终持谨慎态度，怕大家会失望，所以没有做很多。现在我打算邀请一小部分人试吃，根据他们的反馈进行改良！

所以今天我要发起一个试吃活动，限 20 个名额。为了方便我统计地址发货，我会设定一个象征性的价格——1 元，大家填写地址，我把新酱快递给大家。

就一个请求，大家试吃后告诉我你的感受。

⑤会员日福利

很感谢很多小伙伴一直在给我的产品提供好建议，这几天我也在思考怎么做既能够照顾到大家的需求，又能保证不会给我增加太大的运营负担。

今天是我们的会员日，我会选一款或者几款产品以全年最低价给大家。另外，每一位下单的伙伴，只需要花费 15 元，就可以得到一款新酱。考虑到有些小伙伴不是自己一个人食用，所以不限量！但优惠时间只有 24 小时哦。

总之，一句话，会员日一定有特惠产品，买就对啦！

（技巧点拨）

从最开始的唠家常，到最后上架产品，供用户购买，一款自研产品从问世到上架的全流程都在社群中完成了。见证了这个过程的用户往往会对产品感到亲切，进而信任与期待它，也就更有可能产生极高的购买热情。

04_ 社群好礼这样送，用户纷纷加入团购

普通说法

这东西吃了对身体好，真的推荐大家买一点！想试试的家人，我可以给你们寄一点，你们试吃一下。

进阶说法

①主动赠送，引起兴趣

（用户购买社群其他产品，或者获得社群实物奖励后，社群运营人员主动附送一点产品小样）

收到货的社群用户：群主，这个是什么呀？

群主：是黄皮干（发放相应图片），北方的朋友没吃过吧？

我分装成一小袋一小袋的，放到了你们的快件里，给你们尝尝。大家都收到了吗？

　　社群用户A：谢谢群主，你太贴心了！这黄皮干味道可以的，能不能团购点？

　　社群用户B：黄皮干祛湿效果很好。

　　社群用户C：哇，这个我也想买，我不喜欢吃新鲜的黄皮果，就爱吃黄皮干。

　　群主：我给不少朋友寄了黄皮干，他们吃了都说喉咙很舒服！这个季节很干燥，吃黄皮干很合适。而且黄皮干还能开胃、助消化，胃口不好的朋友也可以试试。

话术公式	用户发言 + 贴心回应 + 引导更多用户发言 + 产品介绍

（技巧点拨）

　　主动赠送小样给用户，能巧妙地拉近与用户之间的距离。引导用户主动在群中讨论产品，更能借机展示产品卖点。

　　②用户好评 + 发起团购

　　社群用户A：黄皮干能预订吗？我妈爱吃，能买吗？

　　社群用户B：你上次给我寄了黄皮干小样，我妈妈吃了，特别"上头"，强烈要求我买给她。她说她有慢性咽炎，嗓子一直不是很舒服，吃了你给的几包黄皮干后，觉得嗓子清爽多了！请问如何购买？

　　社群用户C：我家里人也很喜欢，给我下任务了，问怎样才能买到。

群主：大家说的我都看到了。我以前也在市面上买过几款其他牌子的黄皮干，都不好吃！现在这款是我认识的一个厂家生产的，它是专门做果干的，用料和工艺好太多了。既然家人们都想要，那我发起一个团购，看看多少人想订，我去谈谈价格。

③介绍商品信息 + 返场团购

群主：跟大家说一下，关于上次很多朋友念念不忘的黄皮干，我联系了一下供应商，对方说可以调一些货给我。大家可以看看黄皮干的详细信息，不了解的小伙伴也能再了解了解情况。果干只有这个月制作的才好吃，所以喜欢的小伙伴可以抓紧时间下单尝尝，反正也不贵。

团购将在 48 小时之后截止，截止后 3~5 天内给大家发货。

社群是团购的主要阵地，群主通过话术引起用户的兴趣后，便可以及时利用社群功能组织团购活动。注意标明团购产品、价格、截止时间等。

*05_* 群接龙文案这样写，点燃群内购买热情

普通说法

要下单 / 报名的家人，记得在群里接龙哟！

进阶说法 1

不要急，不要慌，大家的热情我已经感受到了！稍后我会发布群接龙，要下单的家人们注意按照以下格式接龙：

【姓名】+【下单数量】

接龙之后也不要走开哦，后续还会有更多小活动！

话术公式	回应用户 + 接龙格式 + 活动预告

技巧点拨

用亲切的口吻回应社群用户的期待，再介绍群接龙信息，可以让用户更容易接受。预告接下来要开展的小活动也能让群聊更加活跃。

进阶说法 2

群内已抢购成功的朋友，记得按以下格式接龙！群里的福利大使会登记好你的信息，及时安排发货。

注意啦！这次产品是群内粉丝专享，其他门店都不参与，数量非常有限，所以不接龙是不会发货的哦！谢谢配合。

××××（接龙格式）

话术公式	接龙格式 + 机会难得

在发布群接龙时强调下单机会有限，能够营造急迫感，促使社群用户下单。

更多群接龙主题

（1）趣味问答。

今日的【趣味问答挑战赛】来啦！

我将在群里用群接龙的形式进行提问／成语接龙／猜字谜，抢答成功的朋友将会获得现金红包奖励／奖品哦。

奖品 1：×××

奖品 2：×××

奖品 3：×××

（2）猜价格。

【互动赢小惊喜】

我们群之前下过单的"老粉"有福了！新品上市，大家一起来接龙猜价格，猜对的朋友直接免单！

（3）送福利。

恭喜 12 点前购买 ××× 的朋友，你将收到限量版超值礼物！

请 12 点前成功下单的小伙伴，在群内发送"我要变白变漂亮~"来接龙！

我会根据接龙人员名单，私聊发放对应的礼物哟。

（4）"红包雨"。

刚刚参与了接龙的朋友，感谢你们的支持，现在出来抢红包啦！每轮手气最佳 / 金额最高的朋友，我们会向你送上神秘小礼物哟！

场景 2　发起群接龙时

进阶说法

- 现在接龙开始，群主会全程在线，有问题可以直接问我呀！
- 天呐，你们太热情了，这么快就有好多家人参与了接龙！
- 看来今天这款产品大家都很喜欢啊，我都想让你们接慢点了，我统计不过来了！
- 大家在接龙时要注意格式呀，方便我们后期统计！
- 马上就到截止时间了，还有 10 分钟，家人们注意时间。
- 已经有 ×× 名家人报名了，我们的库存数量只有×××，看看谁是抢到最后几件的幸运儿！
- 这次的群接龙截止了，万分感谢大家的参与。没接上龙的家人们也不要灰心，我们群里还会有很多这样的机会！
- 我怎么感觉大家群接龙玩得很开心，似乎还意犹未尽？正好我们还有活动，让大家买得放心，玩得开心！

在群接龙的过程中，社群运营人员需要根据接龙不同阶段的特点，适时地在群中补充信息、引导接龙、活跃气氛、倒计时、预告

截止时间等，在顺利完成群接龙的基础上活跃社群购物氛围，促进社群用户下单。

06_ 社群拼团，怎样引导大家一起玩

方法1 人越多，价越低

推荐说法

人见人爱的红富士苹果又回来啦！

红！甜！大！脆！

上哪儿去找这样的好苹果？就在今天的拼团活动↓↓↓

山东红富士，超市价10元一斤，拼团价8元一斤，快来"薅羊毛"啦！

50人成团，价格降到7.5元；80人成团，降到6.5元！

不止群友可以拼，分享给你的朋友，邀请他们一起拼团，还能拿到更多的优惠券哦！

话术公式	产品介绍＋拼团介绍＋拼团福利＋邀请拼团

（技巧点拨）

对社群和用户来说，拼团活动都是人越多优惠力度越大。社群可以利用降价、优惠等价格上的技巧，引导用户踊跃参与拼团。同时，还可以吸纳社群外的用户，进行一次裂变。

方法2　抢先报名有福利

推荐说法

今天温度都快 40℃了！让我看看群里哪个小伙伴在汗流浃背？

这样的天气，你们缺少一包能随身携带的湿纸巾！

群主特地为大家准备了夏日特别拼团活动！超市一包 ×× 元的湿纸巾，群内团购，5 包 ×× 元，等于一包优惠了 ×× 元！

注意啦，前20位报名的小伙伴，我们还会送你一包加厚湿纸巾哦！数量有限，先到先得！

拼团时记得确认你想订购的数量哦。

话术公式	产品介绍 + 拼团活动 + 抢购福利 + 温馨提示

技巧点拨

抢购的魅力就在于用少量的福利，激发所有用户的积极性，营造热闹的购物氛围。有了率先购买的用户，其他用户也会更乐于参与活动。

另外，一次完整的拼团活动，一般包含以下文案。

● 开团欢迎词。

● 拼团须知、说明。

● 接龙引导词。

● 成交喜报文案。

● 后期总结与宣传文案。

07_ 哪些小游戏可以激活社群的购买热情

小游戏 1 找不同

推荐说法 宝贝们下午好，暖冬配黑巧，甜蜜好滋味！小店升级版【黑森林蛋糕】即将上架！特别活动来啦！

（发送游戏图片：旧版蛋糕和升级版蛋糕的对比图）

考考宝贝们的眼力：升级版【黑森林蛋糕】和旧版有什么不同？在群里指出不同之处并 @ 群主，我们会选出 3 位幸运宝贝送出【黑森林蛋糕】门店兑换券一张，免费吃新品啦！

话术公式	活动引入 + 游戏图片 + 活动规则介绍 + 奖励

技巧点拨

找不同是一款经典的游戏，与社群产品图片结合在一起，能引导用户仔细观察产品的细节与变化，从而加深用户对产品卖点的印象，使用户产生购买欲望。此类小游戏需要提前准备相应的图片素材。

考眼力的游戏还有以下两种。

- 寻物游戏：在复杂的画面中寻找特定的物件。
- 数数游戏：比拼谁能最快数出图片里某种物品的数量。

小游戏 2 看图猜物品

推荐说法 繁花盛开，感恩有你！

时逢花店五周年庆，群主特别准备了回馈群友的猜花名小游戏↓

群主将发布 5 种鲜花的图片，群友抢答花名，第一个全部答对的群友可到花店领取对应鲜花一份！

另外，所有参与者都能获得购花优惠券一份！

中午 12 点准时开始哦。

话术公式	引入活动＋活动介绍＋福利介绍＋发布游戏图片

技巧点拨

与"找不同"游戏类似，看图猜物品的游戏也能让用户关注产品的细节，加深对产品卖点的印象。另外，对于实体店的社群运营来说，邀请用户参与游戏并赠送奖品，能有效引导用户前往实体店消费。

其他看图猜物品类的游戏如下。

● 看颜色猜口红色号。

● 看眼睛猜美瞳颜色。

● 听名言猜书名。

小游戏 3 惊喜抽奖 / 转盘 / 气球 / 红包

推荐说法 下单成功的家人们，感谢你们的支持，惊喜抽奖活动来啦！

群主将在群里发布 5 份神秘礼物的编号，请已下单的群友选择你想要的编号。礼物将作为赠品送到各位手中！

我们将在中午 12 点揭晓礼物内容哦。

快来选择你的神秘惊喜吧！

（到时间后）

家人们已经挑中自己的礼物，开奖时间到——

1号神秘礼物：手持小风扇

2号神秘礼物：卡通保温杯

3号神秘礼物：零食大礼包

4号神秘礼物：网红小提包

5号神秘礼物：牛奶12罐

话术公式	活动对象＋活动规则＋鼓励参与

技巧点拨

　　小游戏可以指定参与对象。为已经下单的用户提供惊喜抽奖活动，提升他们的参与感与获得感，不仅能让已经下单的用户觉得自己的钱花得很值，而且能让群里其他未购买的用户心动，产生购买的欲望。

小游戏4　有奖问答

　　推荐说法　叮咚，五一劳动节，问答时间到。

　　关于劳动节，大家知道多少？如何更好地工作？本次问答活动，群主为大家准备了8个小问题。抢先答对问题的群友将获得护手霜一份，让你的劳动更轻松。

　　问题1：眼睛疲劳时，用店里哪款产品有助于缓解你的不适？

　　问题2：五一劳动节当天，我们小店的护理产品打几折？

......

话术公式	活动引入 + 活动规则 + 活动奖励 + 问答环节

社群可以将有奖问答的问题与产品或服务结合起来，引导用户积极了解产品卖点、优惠活动。在节假日、周年庆等特殊时间，可以结合这些时间的特点组织相应的问答活动。

08_ 设置固定福利日，刺激社群用户消费

福利日1 会员日

推荐说法　淘宝有"双十一"，京东有"6·18"，我们有×××（会员日日期）！

一年一度的社群专属会员日又到了。只要是我们小群里的成员，在门店消费时出示群聊界面，就可享受全场5折的会员专享折扣哦！

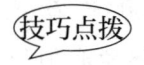

"会员"是一种独特的身份，能为用户带来切切实实的福利，有助于使用户快速认同社群，并进行消费。

福利日 2　免单日

推荐说法　初雪的第一杯奶茶，你喝了没有？

群成员免单日来了，来了，又来了！今天带你们实现奶茶自由！

初冬时节，群成员到店凭社群界面即可享第二杯【免单】！

快带朋友一起来喝吧！

（技巧点拨）

"免单""免费"等字眼往往非常吸引人，但许多商家会设置相当复杂的获取方式，用户想获得免费产品需要完成相当麻烦的流程。社群作为与用户紧密联结的私域，应当尽量安排容易获得的免单福利，比如第二件免单、收集一定数量的赞即可免单等，引导用户踊跃参与。

福利日 3　体验日

推荐说法　AI 时代来了吗？AI 绘画、写作、编程……我们不会让你慢人一步！

训练营特别课程"30 天玩转 AI"已经筹备完毕！

群里都是陪伴我们许久的老学员了，我们将在 × 月 × 日推出体验日活动，大家可以点击以下链接提前体验我们的 AI 课程。

课程正式上线后，所有参与体验、反馈的学员都将获得 8 折优惠券。

期待你的反馈。

在新产品、新项目上线前，通过体验日的方式引导用户抢先体验并征集用户的意见。这样，新产品、新项目正式上线时，用户会认为自己也为这个产品或项目耗费了心血，从而会更乐于消费。

09_ 产品福利限时限量，营造紧迫感

场景1 限时福利

普通说法1　现在下单，超多福利送不停！

普通说法2　优惠时间有限，机不可失，时不再来！

进阶说法1　现在下单，除了能抢到 ×× 元优惠名额，还直接送以下福利

①价值 ×× 元的 ×××。

②价值 ×× 元的 ×××。

③价值 ×× 元的 ×××。

注意啦，注意啦！今晚 × 点，优惠活动全部截止（只有最后 × 小时 / 天、仅限今天 / 明天、倒计时 ×× 小时 / 天）。

需要的宝贝们，记得赶紧入手。

进阶说法2　本次价格优惠，仅开放给咱入群满 ×× 年（1 年以上）的"老粉"！

只有最后两个小时了！这次错过不要紧，只不过同等力度的优惠恐怕要等很久了。

进阶说法 3　不瞒大家说，全年也就这次活动能达到这样的力度！最后两小时，抢完就没了。

今天 24 点前下单的群友，我哪怕不睡觉也会给你发货，产品将更快到达你的手中。

现在点击小黄车，先把名额占上，这次错过就得等一年了！

话术公式	福利明细 + 价值点说明 + 截止时间 + 引导购买

技巧点拨

空喊口号，营销的痕迹过重，容易引起用户的抗拒，也会让用户感觉所谓的福利落不到实处。优惠是什么？"优惠时间有限"，那么何时截止？"机不可失"指的是什么机会？

福利话术需要提及跟用户相关的好处/价值/解决方案（如"早下单就能早发货"/"只有本群有"/购买流程指导等），表述尽可能口语化。另外，要给出具体时间，使用倒计时营造紧张感。

场景2　限量福利

普通说法

这次的福利是限量的哦，很快就没了，要的朋友赶紧拍！

进阶说法 1

实物产品——以服装为例

● 原材料昂贵

每件夹克里，都增加了价值 99 元的可拆卸鹅绒内胆，一件变成两件，秋天穿夹克，帅气又清爽；冬天加内胆，修身又保暖。

鹅绒成本多高，不用我多说。材料昂贵，这一批夹克只有100件，先抢先得！

- 制作过程细致

这次的小香风外套，从裁边到缝扣子，再到走线，一步一步全是纯人工操作的，总共就100件，穿出去，根本不会撞款。

- 产品优惠有限

一分钱抢原价99元的阳光面膜！童叟无欺。

规则：15：00开始，在公众号发送"面膜"，即可收到抢购链接！

每人限购5份，仅5份！拼手速的时候到了。

要参与活动的回复1。

不回复默认不参与活动哦。

进阶说法2

虚拟产品——以秋叶IP营为例

- 服务含金量高

你见过提供这么多服务的训练营吗？

服务一：结交企业创始人和高管、新媒体大佬、各领域专家。

服务二：秋叶集团十大业务模式深度拆解，给创业者引路！

服务三："秋叶PPT"创始人，全网粉丝超3000万的知识型网红——秋叶大叔本人，至少每周进行一次群内分享、每月进行一次直播答疑。

为保证服务质量，本期仅开放450个名额，目前只剩30个，人满停招，请一定抓紧！

突出限量、体现稀缺性，一定要注意有理有据。比如，对于实物产品，可以从原材料、制作过程等产品卖点出发，体现稀缺性。非实物产品，如课程、服务类虚拟产品，可以围绕产品服务质量设计话术，避免"假大空"。

更多体现福利数量有限的话术

（1）用数字吸引用户注意。

只剩 3 个、仅限 20 人、前 100 名、最后 5 件、倒计时 1 小时 / 天、12 小时后下架……

（2）用热点吸引用户注意。

征集 50 个世界杯球迷参加本次试喝活动，夺冠队伍的球迷送 ×× 啤酒 10 箱！

本次新春 / 端午 / 中秋爆品，免费送给前 10 个下单的小伙伴，祝大家 ×× 快乐，大吉大利！

（3）用名人吸引用户注意（适用于有名人代言的产品）。

××，×××（名人姓名）都在穿 / 在用 / 推荐的 ×× 产品，只剩 ×× 件啦。

（4）用对比体现实惠，吸引用户注意。

一块 ×× 儿童手表 = 一部手机 + 一个孩子定位器 + 一个查词宝典。现在库存仅剩 ××× 件，还不为你的孩子备上？

一次报名的机会 = 一顿晚餐的钱 =30 天的陪伴服务 =200 多个大佬创业成功的商业机密。距离满员，只有 5 个名额，千万别错过!

10_ 怎么引导已购用户主动"晒单"

普通说法　姐妹，下单之后把订单截图发群里，我给你优惠 5 元钱呀!

进阶说法 1　（用户和群主私聊并"晒单"）

哇，你这张图拍得太好看了吧，都要把我这个"御用"摄影师比下去了! 我可以分享到群里，公开夸夸你的买家秀吗？

进阶说法 2　（用户在朋友圈分享）

我发现你在朋友圈分享了很多好物啊，我想邀请你来当我们社群的体验官。每次你在我这里购买了东西，体验后如果觉得还不错，可以在群里分享一下你的感受呀! 为表感谢，我们也会送给你一些精美小礼品。

进阶说法 3　（用户害怕隐私泄露）

我理解你不想主动在群里"晒单"，感觉太引人注意了，是不是？但你拍的图片真的特别好看，我想大家看到之后都会赞不绝口的! 不如让我替你发布一次，就说是群友匿名"晒图"，你觉得可以吗？

技巧点拨

社群里什么性格的人都有，有的可能对金钱和礼品不在意，有的十分关注个人隐私，有的爱凑热闹……

针对不同类型的用户，要用不同的话术进行"晒单"引导，满足他们的不同需要。

11_ 用户购买后评价，如何回复更亲切

场景 1　用户在朋友圈发布好评

普通说法　谢谢您的反馈！

进阶说法

- 还是您眼光好，一下就挑中了我们卖得最好的一款产品！每次都卖得特别火爆！

- 是的，这款谁穿谁满意，我收到全部是好评，而且超多人复购，马上就要没货了！心动的朋友可以加我们的群。

- 再多的溢美之词，都比不上您真心的评价！一款产品的使命就是让您满意！

- 哇！感谢亲的用心点评，能得到亲的称赞是我们的荣幸！我们会越做越好，更多新款也会陆续推出，到时候第一时间给亲看哦。

- ×姐，你穿上效果也太好了！

- 哎呀，看到你的好评，我干活都不累。

（技巧点拨）

用户在朋友圈表示满意，主动"晒单"，是一个宝贵的机会，一定要抓住这个机会，感谢用户的好评，赞美用户的眼光、审美水

平、用心程度，也可以称赞用户使用产品后取得的效果。最重要的是借此点明产品的卖点和火爆程度，也可以借机宣传社群，鼓励用户多多消费……

场景2　用户在朋友圈吐槽

普通说法　您能删除这个信息吗？

进阶说法

- 真的很抱歉，给您不好的体验了。我们这边可以提供这样的售后服务……

- 虽然这次没给您最好的购物体验，但还是非常感谢您选择我们的产品！这样吧，×姐，您私聊我一下，我这边可以给您退货，或者给您补发一款产品！

- ×哥，您提到的这个情况，可能是因为使用过程中出了点问题，也怪我们没说清楚使用方法。这样吧，我私聊您一下，咱们一对一把这个东西搞明白，让您用得更顺心！

- 您的意见我们看到了，今后我们会努力改进，让您感到物有所值！也希望您能给我们一次弥补的机会。

（技巧点拨）

当用户对自己的购物体验不满意时，可能会在朋友圈吐槽。这时，社群运营人员要及时在评论区进行反馈，针对性地处理这个差评。如果用户差评所说为真，那就真诚道歉，并保证以后会做得更好。

如果用户使用产品不顺利主要是由于其本人的疏忽，则可以解释清楚情况，并邀请用户私聊，解决问题。

总之，面对朋友圈里的差评，虚心认错、答疑解惑、解决问题，并且记住不要发送千篇一律的文案，而要有针对性地回复，才能让用户感受到尊重。

更多回复用户朋友圈的要诀

（1）无论是好评还是差评，都可以感谢用户的评价，并强调自己未来会做得更好。

（2）可以鼓励用户将好评分享到其他社交平台或社群，以此扩大社群的影响力。

（3）回复一定要及时、专业、简洁明了，让用户感受到你对用户的评价非常重视。

（4）社群用户之间很可能相互认识，所以回复用户的朋友圈不要使用套话，最好一上来就点出用户的名字，使用户感到自己被真诚对待。

（5）有意识地收集好评，并整理归档，以备在今后的宣传活动中使用。

*12*_ 如何促成老用户复购

方法1 利用节日问候促成复购

普通说法　中秋节快到了，祝您和家人节日快乐，团团圆圆！走亲访友前，可以来我们这里采购点儿礼物！

进阶说法　××，快过中秋节啦，但愿人长久，千里共婵娟。中秋快乐!

时间过得好快,去年您在我这里买了礼物,一晃一年过去了。我想和您分享分享这一年我们的礼盒进行了哪些升级:在礼品包装方面,我们设计了许多新款式;在礼品内容方面,我们准备了更多口味的月饼……

(发送对应图片)

去年您说朋友收到中秋礼盒时特别开心,这让我们一直铭记!今年我们也希望能给你们一个大大的惊喜,让您的亲朋好友开心,也让您满意。您是老用户,福利那是少不了的!

如果您还有送礼的需要,找我们就对了!

话术公式	节日祝福+产品介绍+回顾过去的购物体验+承诺福利

技巧点拨

借送上节日祝福来与老用户建立联系。社群运营人员可以一对一与购买过产品的老用户私聊,送上真诚的祝福,同时引导老用户回忆过去愉快的购物体验,拉近彼此的距离。同时,要将推销的产品的优点说清楚,并承诺给老用户优惠。这样一来,老用户就更有可能复购。

方法2　利用回访促成复购

普通说法　　××,最近的使用体验怎么样?您上次买的东西用完了吧,还需要的话可以再带一些回去。

进阶说法1

(当天使用的话术)

水光针做完，切记术后 3 天内要用保湿水做一次补水保湿，另外，在术后的这 3 天里还需要早晚各敷一张补水面膜，帮助皮肤锁住水分。

另外，不要用力摩擦脸，烟酒、辛辣的食物都先别碰，还要记得防晒。

（3 天后回访时使用的话术）

亲爱的，今天是您做水光针后的第 3 天了哟，感觉皮肤状态怎么样？有没有感觉更紧致了一些？

（如果用户反馈好，就继续进行用户维护；如果用户觉得皮肤干燥，建议用户加大补水量，多用精华；如果用户觉得不适，马上对接主治医师。）

（7~10 天后回访时使用的话术）

今天是第 10 天啦，是时候约时间来我们这里看看整体的恢复情况了哟！我们给您……还给您准备了一份小礼物！

进阶说法 2

××你好啊，上次你在我们店买了××，我还看到你和其他群友在群里讨论使用效果，想问问你的使用体验怎么样？有没有遇到什么问题？

如果有问题，可以随时在群里问我，也可以直接和我私聊。当然，如果你对产品还算满意的话，还麻烦帮我们宣传一下，这是我们提供更优质服务的动力呀！

最近，我们店有一些产品卖得很好，我留心了一下，里面正好有你喜欢的样式。趁社群福利活动很多，你有空的话可以踊跃参与。

进阶说法3

××宝贝，你好，我最近注意到你在××注册的会员卡里还有××积分，马上就要过期了。这里提醒你一下，记得使用哦，而且我们最近要搞一次积分兑换活动，如果有你喜欢的产品，可以及时把积分用一用。

话术公式	询问使用体验/问题/反馈＋提供建议＋邀请复购

（技巧点拨）

回访是各行各业维护用户常用的一种售后服务。社群的私密性意味着很容易与用户取得联系，并进行深入交流。此时，社群运营人员需要为用户答疑等，并借此引导用户购买。

方法3 利用新品上架引导复购

普通说法　亲爱的，我们有新品上架了，是一款专为年轻女性设计的洗发水，赶紧来试一试吧！

进阶说法　××（用户名），感谢你一直以来对我们产品的支持，在群里你也很活跃，经常看到你发言。所以这一次我想特地提前告诉你，我们最近会有一款新品上架哦！

这款新品基于旧版本，在××方面进行了改良，效果会更好。所以如果你对之前买的旧版本的产品很满意的话，可以来试试我们的新品，保证让你体验到质的飞跃！

你是我们的老顾客，新品可以给你7折优惠，还加赠许多小样，你可以分享给你的朋友们试试。

新品上架，老用户作为曾经的购买者，对产品的使用体验有一定的发言权。社群运营人员可以选择那些活跃的老用户，赞扬他们在社群中十分活跃，是社群里的"老资格"，借此推荐新品。

13_ 怎么说用户才会心甘情愿做转介绍

场景1 售前转介绍活动

<u>普通说法</u> ×姐，我们最近又有新产品上架，和朋友一起买，还能拿现金返利哦！

<u>进阶说法</u> ×姐，马上又是超级购物日了，这一次我们的活动力度比以前更大，奖励更丰富！而且为了回馈大家，我们还专门准备了69元超值套餐，点击链接就能看到套餐内容↓

稍等，×姐，先别急着买！因为你一直在支持我们的产品，所以只要邀请一位好友点开链接、浏览页面，你就能抵扣1元；如果好友下单，您直接抵扣10元！

谢谢×姐支持，如果想参加活动，直接转发链接到朋友圈就行。

话术公式	活动内容 + "阻止"购买 + 引导转介绍

新活动、新产品、新套餐上架，怎么引导用户在购买的同时

进行转介绍？可以开展优惠力度较大的拉新活动，拉新就能抵扣，吸引对产品和活动心动的用户转发。同时，使用"先别急着买"之类的话，让用户对转介绍活动更心动。

场景2 在朋友圈宣传

<u>普通说法</u>（朋友圈正文）

这么优惠的活动，你千万别错过！

<u>进阶说法</u>（朋友圈正文）

朋友们，超级购物日来啦！

要好货，更要优惠！我们特别推出69元超值活动套餐，套餐内好物总价值超150元哦！

什么，69元还是贵了？那就再降！介绍朋友一起购买，一位朋友下单就可抵扣10元，上不封顶！有本事，就免费拿走！

（评论区回复）

哇，××（用户名）已经抵扣了30元，半价拿走我们的超值套餐了。

69元套餐已经售出了××份！马上就要被你们买空了！

……

话术公式	在朋友圈宣传＋评论区实时更新活动进度

技巧点拨

在朋友圈实时发布其他用户获得的福利、活动的进展等，营造急迫的氛围促使更多用户进行转介绍。

场景3 在售后过程中打动用户

普通说法

感谢您这么长时间的支持！如果您能帮我介绍几位客户，我会有礼物送给您。

进阶说法1

在您周围的朋友、同事中，有谁像您一样既事业有成，又有家庭责任感吗？如果有，可以推荐给我，我保证服务到位！

经过这段时间的交往，您也应该了解我的为人，您放心，在这个领域，我是专业的。我打算免费为您朋友做一次保险评估，主要目的是赚口碑，对方买不买保险都没有关系。

进阶说法2

我发现您的皮肤状态变好了以后，您的心情也大不一样了啊，希望能有更多人体会到这种感觉！您可以推荐3位和您一样有皮肤困扰的朋友给我吗？您放心，以我的专业度，我一定不会给您丢脸，我还会免费为您的朋友做一次皮肤诊断。买不买我产品无所谓，先交个朋友。

技巧点拨

请用户转介绍的话术要尽可能委婉，夸赞用户、夸赞用户的亲朋好友，再积极提供服务，获得用户的支持。

另外，使用"买不买无所谓"的话术，更容易卸下用户的心理负担。